Arbeitsbuch zu Betriebswirtschaftslehre – Eine Einführung

Siegfried von Känel

Arbeitsbuch zu Betriebswirtschaftslehre – Eine Einführung

Wirtschaftskybernetische Modelle mit Excel-basierten Fallbeispielen

Siegfried von Känel
Institut für Wirtschaftskybernetik-Büro Dresden
Dresden, Deutschland

Ergänzendes Material zu diesem Buch finden Sie auf http://www.springer.com/978-3-658-27900-4.

ISBN 978-3-658-27899-1   ISBN 978-3-658-27900-4   (eBook)
https://doi.org/10.1007/978-3-658-27900-4

Die Deutsche Nationalbibliothek verzeichnet diese Publikation in der Deutschen Nationalbibliografie; detaillierte bibliografische Daten sind im Internet über http://dnb.d-nb.de abrufbar.

Springer Gabler
© Springer Fachmedien Wiesbaden GmbH, ein Teil von Springer Nature 2020
Das Werk einschließlich aller seiner Teile ist urheberrechtlich geschützt. Jede Verwertung, die nicht ausdrücklich vom Urheberrechtsgesetz zugelassen ist, bedarf der vorherigen Zustimmung des Verlags. Das gilt insbesondere für Vervielfältigungen, Bearbeitungen, Übersetzungen, Mikroverfilmungen und die Einspeicherung und Verarbeitung in elektronischen Systemen.
Die Wiedergabe von allgemein beschreibenden Bezeichnungen, Marken, Unternehmensnamen etc. in diesem Werk bedeutet nicht, dass diese frei durch jedermann benutzt werden dürfen. Die Berechtigung zur Benutzung unterliegt, auch ohne gesonderten Hinweis hierzu, den Regeln des Markenrechts. Die Rechte des jeweiligen Zeicheninhabers sind zu beachten.
Der Verlag, die Autoren und die Herausgeber gehen davon aus, dass die Angaben und Informationen in diesem Werk zum Zeitpunkt der Veröffentlichung vollständig und korrekt sind. Weder der Verlag, noch die Autoren oder die Herausgeber übernehmen, ausdrücklich oder implizit, Gewähr für den Inhalt des Werkes, etwaige Fehler oder Äußerungen. Der Verlag bleibt im Hinblick auf geografische Zuordnungen und Gebietsbezeichnungen in veröffentlichten Karten und Institutionsadressen neutral.

Springer Gabler ist ein Imprint der eingetragenen Gesellschaft Springer Fachmedien Wiesbaden GmbH und ist ein Teil von Springer Nature.
Die Anschrift der Gesellschaft ist: Abraham-Lincoln-Str. 46, 65189 Wiesbaden, Germany

VORWORT

Das Interesse an *interaktiven* Lern- und Arbeitsmaterialien, welches durch die hohe Download-Zahl zum Online-Material des Titels „*Betriebswirtschaftslehre – Eine Einführung*"[1] dokumentiert wird, haben Autor und Verlag ermutigt, zu diesem Titel ein *ergänzendes Arbeitsbuch* nebst weiterem *Online-Zusatzmaterial* unter dem Titel „*Wirtschaftskybernetische Modelle*" herauszubringen. Dabei spielten auch folgende aktuelle Zusammenhänge eine Rolle:

Wir erleben seit geraumer Zeit, wie die Prozesse der *Digitalisierung* immer mehr alle Gesellschafts- und Wirtschaftsbereiche erfassen und durchdringen. Damit wachsen naturgemäß auch die Anforderungen an die eigene *digitale Kompetenz* im Umgang mit neuen Medien und Technologien und dies berührt im besonderen Maße auch die Art und Weise der Wissensaneignung und Wissensvermittlung.

Wissensaneignung durch *Lernen* ist – wie wir wissen – ein spezifischer Vorgang der Aufnahme und Verarbeitung von **Information** aus der Umgebung mit dem Ziel, jene *Kenntnisse, Fähigkeiten* und *Fertigkeiten* zu entwickeln bzw. zu vervollkommnen, die es erlauben,

- den Anforderungen in der Schule, im Studium, im Beruf, wie auch generell im persönlichen Leben in immer besserer Weise gerecht zu werden,
- das eigene Tun effizienter und ergebniswirksamer zu gestalten und so auch
- das eigene Selbstbewusstsein zu stärken ("*Ich weiß das, ich kann das!*").

Als *Lernwege* werden dabei jene "Kanäle" bezeichnet, über die der Mensch Informationen aufnimmt sowie Wissen und Können erwirbt. Dabei soll – im Kontext zum Anliegen dieses Buches – auf folgende *Erfahrungswerte* aufmerksam gemacht werden:

- Etwa **10 %** behält der Lernende von dem, was er bei einem Vortrag oder dgl. hört.

- Etwa **30 %** behält der Lernende von dem, was er in einem Fachbuch oder dgl. liest. Aber

- **90 %** behält der Lernende von dem, was er *praktisch* getan hat, wobei hierbei das Lernen durch *Nachahmung* und das Lernen durch "*Versuch und Irrtum*" (*trail-and-error*), insbesondere beim Umgang mit technischen Mitteln, ein besonderes Gewicht hat.

---

[1] Siehe: Siegfried von Känel: Betriebswirtschaftslehre - Eine Einführung. Springer-Gabler Verlag, Wiesbaden 2018 (https://www.springer.com/de/book/9783658199586).

Daraus folgt: Wissensaneignung und Wissensvertiefung sollte im Lernprozess – wo und wann immer dies möglich ist – vorrangig mit *praktischem Tun*, mit *Interaktivitäten* verbunden sein!

Damit rückt das *Experiment* bzw. die *experimentelle Methode* in das besondere Interessenfeld von Lehr- und Lernprozessen:

Es geht dabei um Aktivitäten einer *bewussten, zielgerichteten* und *systematischen Einwirkung* auf Objekte bzw. Prozesse, verbunden mit der *theoretischen Analyse* der Bedingungen, unter den diese Einwirkungen erfolgen und sowie mit der *Erfassung* und *Auswertung der Resultate* vorgenommener Einwirkungen.

Eine solche Vorgehensweise wird bekanntermaßen seit eh und je in *naturwissenschaftlichen, technischen* und *medizinischen* Ausbildungs- und Studienrichtungen mit Erfolg praktiziert.

In diesem Buch – speziell mit dem *Online-Zusatzmaterial* - wird ein *spezieller Zugang* zur Nutzung der *experimentellen Methode* in Lehr- und Lernprozessen offeriert, und zwar im Kontext zur *computerunterstützen Wissensaneignung* und *Wissensvertiefung* zu solchen ausgewählten *ökonomischen Sachverhalten*, die in besonderem Maße einer *Modellbildung* zugänglich sind.

Anhand ausgewählter *Fallbeispiele* wird gezeigt, wie unter Nutzung **kybernetischer** Erkenntnisse und Methoden der Zusammenhang zwischen den betreffenden betriebswirtschaftlichen Grundgrößen in *rechen- und simulationsfähigen Modellen* abgebildet werden kann, so dass nachfolgend erkennbar wird,

> ➤ von welchen *Inputgrößen, Übertragungsfaktoren* und sonstigen *Einflussgrößen* die zu steuernde *Zielgröße* abhängt sowie
>
> ➤ über welche Modellparameter – als nutzbare *Steuergrößen* – die betreffende Zielgröße direkt beeinflusst werden kann und mit welcher „Empfindlichkeit" (*Sensitivität*) die Zielgröße auf derartige Parameteränderungen reagiert.

Ergänzend hierzu wird gezeigt, wie derartige Modelle für eine *Zeitfolge-Simulation* (mit „Zeitraffer"-Effekt) und/oder für die Nachbildung des Einflusses möglicher *Störgrößen* genutzt werden können.

Großer Wert wird dabei auch auf die *Visualisierung* des Zusammenhangs der Modellparameter gelegt, wobei die Symbole und Regeln für die *Signalflussdiagrammtechnik* der *kybernetischen Regelungstheorie* zur Anwendung kommen.

Für die Umsetzung des hier kurz skizzierten Konzepts wird die Kalkulationssoftware *MS Excel* genutzt, und zwar aus folgenden Gründen:

> ➤ Mit MS Excel ist es möglich, *rechen- und simulationsfähige grafische Modelle* (Signalflussdiagramme) zu erstellen, die sehr anschaulich die Ursache-Wirkung-Zusammenhänge im betreffenden, modellmäßig erfassten Sachverhalt reflektieren.
>
> ➤ Die jeweiligen *Grafik*-Elemente können zudem mit *Programmbausteinen* unter Nutzung der Programmiersprache "*Visual Basic for Application*" (VBA) verbunden werden, so dass *Variationsrechnungen* durchgeführt und ausgewertet werden können, und zwar im Sinne „*Was passiert bei der Zielgröße, wenn Parameter von Steuer- bzw. Einflussgrößen verändert werden?*"

VORWORT

> Der Zugriff zu einem *Zufallszahlengenerator* erlaubt die Nachbildung zufallsbedingter *Störeinflüsse* im Steuerungsmodell.

> Die integrierte Zeitsteuermöglichkeit ("Timer") ermöglicht die Gestaltung und Ausführung von *Zeitfolge-Simulationen* u. a.[2]

Die Darstellungen in diesem Buch (und im Online-Zusatzmaterial) beziehen sich auf Abhandlungen, die zum einen auf der Web-Präsenz des Autors unter „*https://kybernetik.online*" und zum anderen im bereits genannten Buch „Betriebswirtschaftslehre – Eine Einführung" zu finden sind.
Die genannte Web-Präsenz beinhaltet zudem Aussagen zur Kybernetik, ihrer Geschichte sowie ausführliche Darstellungen zu kybernetischen Grundbegriffen und Grundmodellen.

Das vorliegende Buch „Wirtschaftskybernetische Modelle" mit den hier behandelten Fallbeispielen wendet sich an alle, die in der Aus- und Weiterbildung (als Dozent bzw. als Lernender) oder aber in der beruflichen Tätigkeit mit der *Nutzung betriebswirtschaftlicher Kennzahlen*, insbesondere im *Controlling,* zu tun haben und dabei die universell nutzbare Kalkulationssoftware *MS Excel* einsetzen.

Von besonderem Interesse sollten die Darlegungen in diesem Buch und im Online-Zusatzmaterial auch für *Dozenten* und *Studierende* im Bereich *der Ingenieurwissenschaften, des Wirtschaftsingenieurwesens* oder der *Naturwissenschaften* sein, wenn es darum geht, volks- und betriebswirtschaftliche Zusammenhänge mittels Nutzung *rechen- und simulationsfähiger Modelle* in einer Weise zu vermitteln bzw. sich im Lernprozess anzueignen, die der Denk- und Arbeitsweise in diesen Bereichen nahekommt.

Des Weiteren wendet sich dieses Buch aber auch an alle, die Interesse an der Entwicklung und Nutzung *interaktiver Lernsoftware* haben, welche dazu verhelfen kann, das Wissen über Ursache-Wirkung-Zusammenhänge in ökonomischen Prozessen und über Möglichkeiten einer steuerungsseitigen Einflussnahme auf die jeweiligen Prozesse zu veranschaulichen, zu erweitern und zu vertiefen. Insofern wird im vorliegenden Buch und mit dem Online-Zusatzmaterial gewissermaßen auch ein Beitrag zur *Digitalisierung der Betriebswirtschaftslehre* geleistet, deren Inhalte ja meist – siehe die einschlägigen Lehrbücher – nur in Textform offeriert werden.

Zu beachten ist hierbei, dass der Titel „Kybernetische Modellierung ökonomischer Sachverhalte" auch als **eBook** erworben werden kann (Link: www.springer.com/9783658278991).

Um dem Nutzer des vorliegenden Buches (Printform oder eBook) einschlägige interaktive digitale Lehr- und Lernmittel zugänglich zu machen, wird vom Verlag in dankenswerter Weise über den angegebenen Link ein Zugang zum *Download* folgender Dateien ermöglicht:

> Kompendium von **24 Excel-Dateien** zu den im Buch behandelten Fallbeispiele und Übungsaufgaben („**WiKyb-Excel.zip**"). Diese Dateien enthalten viele automatisierte Prozeduren unter Nutzung von VBA-Makro-

---
[2] Siehe auch: NELLES, St.: Excel 2019 im Controlling. Verlag Rheinwerk Computing, Bonn 2019..

Programmen, deren Wirkungsweise das vorherige Anklicken der Option „Makros aktvieren" bedingt.

> Zusammenstellung von ausgewählten Abbildungen als **animierte PowerPoint-Folien** („**WiKyb-PPT.zip**"). Diese Folien dienen vor allem dem Zweck, die teils komplexen Abbildungen in einer *inhaltlich-logischen* Reihenfolge *„step-by-step"* aufzubauen und so einprägsamer zu machen. Dies sollte vor allem für all jene von Interesse sein, die kybernetische Themen im Lehrprozess zu vermitteln haben.

Das vorliegende Buch und die aufgeführten Ergänzungsmaterialien wurden mit großer Sorgfalt erstellt. Wenn es dennoch kritische Hinweise zu Inhalt und Darstellungen im Buch gibt, die der Weiterentwicklung des Konzepts des Buches dienlich sind, werden diese dankbar entgegengenommen.

Zum Schluss ein Wort des Dankes an all jene, die auf unterschiedliche Art und Weise die Entstehung und Herausgabe dieses Buches begleitet und unterstützt haben.

Einen besonderen Dank möchte der Autor vor allem Frau *Dr. Isabella Hanser* und Frau *Sabine Schöller* vom Springer-Gabler Verlag für die gute Zusammenarbeit bei der Herausgabe dieses Buches aussprechen.

Dresden, im September 2019

Prof. Dr. sc. Siegfried von Känel

INHALTSVERZEICHNIS

VORWORT **5**

1. Modell und Modellmethode 11

    1.1   Modellbegriff, Modellklassen 11

    1.2   Modellbildung: Vorgehen 12

    1.3   Modell, Modellexperiment, Simulation 18

2. Wirtschaftskybernetische Modellbildung 23

    2.1   Zum Vorgehen wirtschaftskybernetischer Untersuchungen 23

    2.2   Kybernetische Modelle zu Kennzahlensystemen 28

           2.2.1 Kennzahlen und Kennzahlensysteme 28

           2.2.2 Fallbeispiel 1 „Du-Pont-Kennzahlensystem" 29

           2.2.3 Fallbeispiel 2 „Eigenkapitalrentabilität und Leverage-Effekt" 42

           2.2.4 Fallbeispiel 3 „WACC-Modell" 48

           2.2.5 Fallbeispiel 4 „Ertragswert-Modell" 51

    2.3   Kybernetische Modelle zu Unternehmensprozessen 54

           2.3.1 Input-Output-Modell zum Betriebsprozess 54

           2.3.2 Kreislaufmodell zum Umsatzprozess 63

           2.3.3 Systemdynamische Abbildung der Geschäftstätigkeit von Unternehmen im Kontext zu Jahresabschluss-Dokumenten 73

    2.4   Modelle für das Entscheidungstraining 78

    2.5   Weitere Fallbeispiel im Online-Zusatzmaterial 83

3. Wirtschaftskybernetik und Controlling **84**

   3.1   Controlling: Inhalt, Merkmale 84

   3.2   Nutzung der Herangehensweise der Wirtschaftskybernetik im Controlling . 88

   LITERATURVERZEICHNIS 100

   SACHWORTVERZEICHNIS ……………………………………………...………….103

1. Modell und Modellmethode

1.1 Modellbegriff, Modellklassen

■ Erste Aussagen und Begriffsbestimmung

Bei der Entwicklung der wissenschaftlichen Grundlagen der Kybernetik spielte die *Modellmethode* von Anfang an die wichtigste Rolle.[3]

Der Grundgedanke dieser Methode besteht darin, die beabsichtigten Untersuchungen oder Experimente nicht am *realen* Objekt (einem realen System), sondern an einem geeigneten *Abbild* dieses Objekts/Systems, d. h. an einem *Modell* **M** vorzunehmen, welches auf der Grundlage eines spezifischen *Abstraktionsprozesses* erstellt wird.

Grundgedanke

Die Bedeutung dieses Vorgehens in Bezug auf Untersuchungen bzw. Gestaltungen im Bereich der Wirtschaft liegt auf der Hand, denn in diesem Bereich ist es – vor allem aufgrund der Komplexität und der Imponderabilitäten des Wirtschaftsgeschehens sowie der langen Reaktionszeiten in Wirtschaftsprozessen – nicht sinnvoll oder meist auch zu aufwändig, Untersuchungen am realen Objekt vorzunehmen und dabei vieleicht noch den "Versuch-und-Irrtum"-Ansatz (mit möglicherweise verheerenden Folgen) zu nutzen.[4]

Kommen wir zu einer ersten Begriffsbestimmung:

> Unter einem *Modell* **M** ist ein durch Abstraktion geschaffenes *Abbild* eines *Objekts* (*Systems*) **O** zu verstehen.
>
> Es ist dies ein materielles oder ideelles Gebilde, das aufgrund der zum Objekt **O** bestehenden *Analogiebeziehungen* als *Repräsentant* dieses Objekts benutzt wird, um Erkenntnisse über dieses Objekt zu gewinnen oder um Aufgaben zu lösen, bei denen es ratsam ist, vor einer direkten Einflussnahme auf das Objekt **O** eine - am Modell **M** - experimentell abgeleitete Entscheidungsalternative zu bestimmen..

Begriffsbestimmung

■ Modellklassen

Modelle können nach verschiedenen Kriterien in Modellklassen eingeteilt werden. In der nachstehende Tabelle wird eine Klassifizierung von Modellen aufgezeigt, die - aus Sicht der Kybernetik - für die Anwendung der Modellmethode bei Aufgaben der

---

[3] Siehe zum Beispiel: STEINBUCH, K.: Automat und Mensch. Springer Verlag, Berlin, Heidelberg, New York 1965, insbes. Kap. 13 „Lernende Automaten";
von KÄNEL, S.: Einführung in die Kybernetik für Ökonomen. Verlag Die Wirtschaft, Berlin 1971;
KLAUS, G./LIEBSCHER, H.: Wörterbuch der Kybernetik. Dietz Verlag, Berlin 1976;
KÜPPERS, E. W. U.: Eine transdisziplinäre Einführung in die Welt der Kybernetik. Springer-Vieweg Verlag, Wiesbaden 2019.

[4] Nichtsdestotrotz werden immer wieder wirtschaftspolitische „Versuche" gestartet bzw. Ad-hoc-Entscheidungen in Konzern-Zentralen getroffen, über deren Folgen („Irrtümer") dann in der Wirtschaftspresse berichtet wird. Es erübrigt sich wohl, hier Beispiele zu nennen.

© Springer Fachmedien Wiesbaden GmbH, ein Teil von Springer Nature 2020
S. von Känel, *Arbeitsbuch zu Betriebswirtschaftslehre – Eine Einführung*,
https://doi.org/10.1007/978-3-658-27900-4_1

Systemanalyse und Systemprojektierung und der experimentellen Prozesssteuerung besondere Bedeutung hat.

Tabelle 1/1: Modellklassifikation

Nr.	Merkmal	Benennung des Modells, Modellklassen
1	Beschaffenheit des Modells	physische bzw. physikalische Modelle,
		graphische Modelle
		mathematische bzw. kybernetische Modelle
2	Merkmal der Analogie	Strukturmodelle
		Zustandsmodelle
		Verhaltensmodelle
3	Verwendungszweck	Demonstrationsmodelle (Beschreibungs- bzw. Erklärungsmodelle)
		Experimentalmodelle (insbesondere Simulations- und Entscheidungsmodelle)
4	Veränderung der Modellparameter	statische Modelle
		dynamische Modelle

1.2 Modellbildung: Vorgehen

■ **Ausgangspunkt: Problembestimmung**

Ausgangspunkt einer Modellbildung sei – im Kontext zum Thema dieses Buches – ein inhaltlich bestimmter Objektbereich der ökonomischen Realität sowie ein in diesem Objektbereich zu lösendes Entscheidungsproblem.

Betrachten wir dazu ein anschauliches Beispiel.

Beispiel B.01: Beschaffungsprozess, Lagerhaltung

Jedes Industrieunternehmen benötigt für die Durchführung seiner Leistungserstellung bestimmte Roh-, Hilfs- und Betriebsstoffe sowie Zulieferteile. Diese werden in der Regel von anderen Unternehmen eingekauft. Dabei sieht sich das Industrieunternehmen mit einem Zielkonflikt konfrontiert:

Auf der einen Seite geht es dem Unternehmen darum, die *Beschaffungskosten* möglichst niedrig zu halten, was meist darauf hinausläuft, sich auf *große* Bestellmengen einzulassen, um bei Lieferanten Mengenrabatte zu erzielen.

1. Modell und Modellmethode

> Auf der anderen Seite wird das betreffende Unternehmen daran interessiert sein, die *Lagerkosten* für Beschaffungsgüter möglichst niedrig zu halten, was sachlich bedingt, dass nur *kleine* Mengen bestellt und Lieferungen möglichst "Just-in-Time" erfolgen.
>
> Das *Problem*, vor dem das Unternehmen in diesem Zusammenhang steht, ist offensichtlich darin zu sehen, ein Hilfsmittel zu finden, das es ermöglicht, rechnerisch eine - aus Kostensicht - möglichst *"optimale"* Bestellmenge zu bestimmen, um so den skizzierten betriebswirtschaftlichen Zielkonflikt bewältigen zu können.

Wie aber gelangt man nun - methodisch gesehen – zu einem *Lösungsansatz* für das skizzierte Entscheidungsproblem?

Die Antwort lautet: Wir führen eine *kybernetisch orientierte System- und Prozessanalyse* durch, in deren Ergebnis dann die notwendigen Grundlagen für das Erarbeiten eines rechenfähigen Entscheidungsmodells vorliegen.

■ **System- und Prozessanalyse**

Eine kybernetisch orientierte System- und Prozessanalyse zielt zunächst darauf ab, den jeweiligen ökonomischen Sachzusammenhang als *Objektbereich* abzugrenzen. Im Weiteren gilt es dann, Folgendes zu klären: *(Aufgabe)*

> ➢ Welche *externen Einflussgrößen* und *Randbedingungen* sind zu beachten?
>
> ➢ Welche *internen Ziel-, Einfluss- und Steuergrößen* sind in die Problemlösung und damit in das zu erarbeitende Modell einzubeziehen?
>
> ➢ Welche *Beziehungen* bestehen zwischen den so bestimmten externen und internen Größen und wie lassen sich diese möglichst *mathematisch* beschreiben?

In Bezug auf unser Beispiel B.01 lassen sich die Ergebnisse einer System- und Prozessanalyse zunächst visualisiert durch eine *Grafik* veranschaulichen, wie sie weiter unten in **Abb. 1.01** dargestellt ist.

Anmerkung: Graphische Darstellungen zwingen dazu, die Elemente und Zusammenhänge im betreffenden Objektbereich visualisiert sichtbar und somit diskutierbar zu machen. *(Bedeutung grafischer Darstellungen)*
Dies erleichtert es, die das "Problem" bestimmenden Sachverhalte und Größen zu kennzeichnen, Ursache-Wirkung-Zusammenhänge transparent zu machen und so wichtige Voraussetzungen für den nachfolgenden Arbeitsschritt (Übergang zur Modellbildung) zu erarbeiten.

■ **Übergang zur Modellbildung**

Der Weg zu einem Modell **M** - als *Abbild* eines Objektbereiches **O** - führt immer über einen *Abstraktionsprozess*. Dies bedeutet (siehe **Abb. 1.02**): *(Abstraktionsprozess)*
Von der Gesamtheit der den Objektbereich **O** kennzeichnenden Merkmale, Eigenschaften, Größen und dgl. werden jene Sachverhalte und Größen ausgewählt und explizit hervorgehoben, die für das Erarbeiten einer Problemlösung *wesentlich* sind. Von allen anderen Sachverhalten, Größen usw. wird abstrahiert („davon abgesehen").

1. Modell und Modellmethode

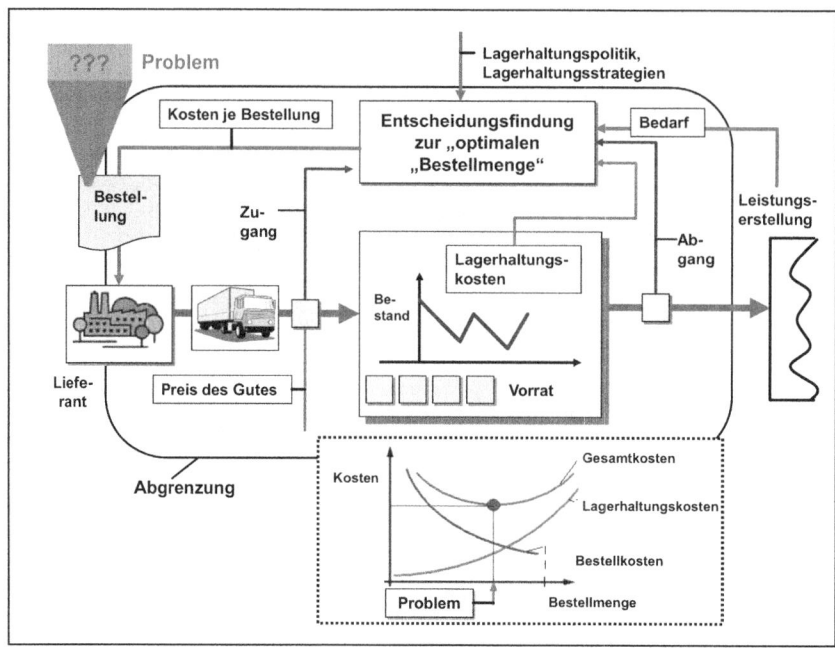

Abb. 1.01: Zusammenhänge zum Problem "optimale Bestellmenge"

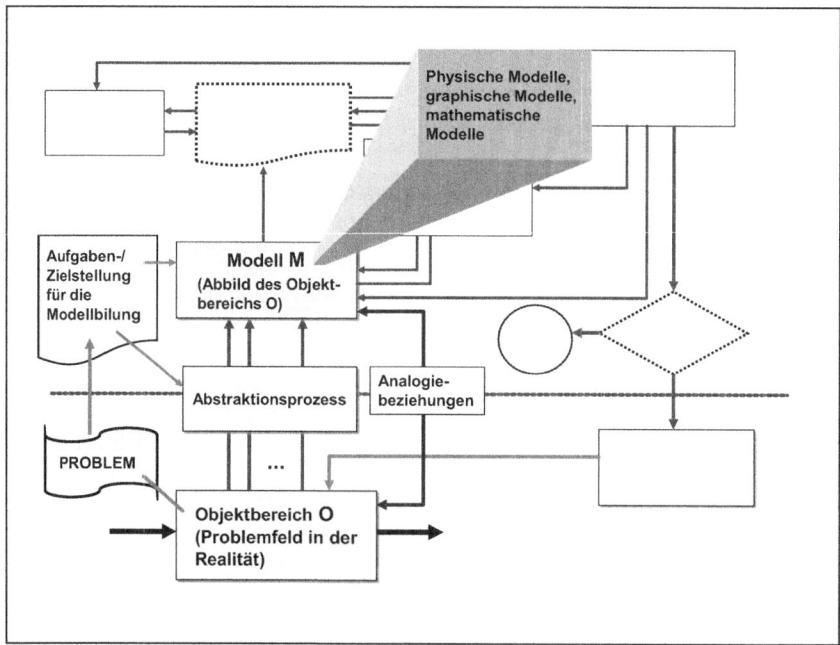

Abb. 1.02: Übergang zur Modellbildung

1. Modell und Modellmethode

> Im betrachteten **Beispiel B.01** wird eine *rechnerische Lösung* zum skizzierten Problem (Ermittlung einer optimalen Bestellmenge) gesucht. Somit gilt es, einen *funktionellen Zusammenhang* zwischen der gesuchten Ergebnisgröße (hier: optimale Bestellmenge, Symbol x_{opt}) und denjenigen Größen zu finden, die als Input-, Steuer- oder sonstige Einflussgrößen den Wert der Ergebnisgröße bestimmen.
>
> Dies betrifft im Beispiel primär
>
> - die *Bedarfsmenge* an dem zu beschaffen Gut in einem Zeitintervall **T** (z. B. „Jahr") (Symbol **M** in [ME]),
> - der *Preis* des Lieferanten für das betreffende Gut (Symbol **P** in [EUR/ME]),
> - die anfallenden *Bestellkosten* (Symbol k_B in [EUR/Bestellung]) sowie eine
> - geeignete Bewertung der *Lagerhaltungskosten*, im Weiteren repräsentiert durch den sog. *Lagerhaltungskostensatz* (Symbol **lhks** in [%]).
>
> Im Weiteren wird in der Regel eine Reihe von **Annahmen** getroffen, die das Problem vereinfachen sollen, um überhaupt erst einmal zu einem tragfähigen Ansatz für das zu entwickelnde Modell **M** zu gelangen.
>
> Als derartige Annahmen sind im betrachteten Beispiel **B.01** zu nennen:[*]
>
> - Es wird nur *ein einziges* zu beschaffenden Gut **G** betrachtet.
> - Die Bedarfs- bzw. Beschaffungsmenge **M** [ME] sei für das Gut **G** für ein definiertes Zeitintervall **T** (z. B. Jahr) bekannt.
> - Diese Menge **M** soll in *gleichbleibende Bestellmengen* **x** [ME] aufgeteilt werden. Dabei wird ein *gleichmäßiger* Lagerabgang (kontinuierlicher Verbrauch) unterstellt.
> - Bestellt wird, wenn das Lager geräumt ist. Die Bestellung trifft unmittelbar nach Bestellauslösung ein.
> - Durch die Lagerung entstehen *keine Verluste* durch Schwund, Verderb oder Ähnliches.
> - Die *fixen Kosten* je auszulösender Bestellung (Symbol K_f [EUR]) seien bekannt und sind für alle Bestellungen in der Planperiode **T** gleich.
> - Der Einstandspreis **P** des Gutes **G** [EUR/ME] ist von der Bestellmenge und dem Bestellzeitpunkt *unabhängig*.
> - Die Lager- und Zinskosten werden durch den Lagerhaltungskostensatz **lhks** [%] repräsentiert.
>
> Diese Annahmen werden die praktische Anwendung des zu erarbeitenden Modells **M** sicherlich einschränken, dennoch kann erwartet werden, eine für diesbezügliche Bestellrechnungen verwertbare Entscheidungshilfe zu erhalten.
>
> ---
> [*] Siehe hierzu zum Beispiel: Der Technische Betriebswirt, Bd. 2. Feldhaus Verlag, Hamburg.

Interessierende Größen im Beispiel

Annahmen für die Modellerarbeitung

Wenn es – wie im hier betrachteten Beispiel – um die Erarbeitung eines *mathematischen Modell* geht, *dann* besteht die weitere Aufgabe der Modellentwicklung darin, einen sachgerechten funktionellen Zusammenhang zwischen einer Ergebnisgröße **x** und den diese Größe bestimmenden Parameter und Einflussgrößen g_1, g_2, usw. zu finden. Anders ausgedrückt, es gilt das **f** in der Beziehung

$$x = f(g_1, g_2, ..., g_n)$$

aufzuklären.

Im betrachteten Beispiel sind hierzu folgende Größen näher zu bestimmen:

Schritte der Ableitung einer Berechnungsformel

- **Bestellkosten K_B [EUR]**

Diese Kosten setzen sich aus den Kosten je Bestellung (Symbol k_B [EUR/Bestell.]) und der Bestellhäufigkeit zusammen.
Ist die Bedarfsmenge **M** [ME] bekannt, dann ergibt sich die Bestellhäufigkeit in der Periode **T** aus der Division der Bedarfsmenge **M** und der Bestellmenge **x**, also zu **M/x**.
Dies führt zu folgender erster Berechnungsformel:

$K_B = k_B * M / x$ bzw.
$$K_B = \frac{k_B * M}{x} \quad [EUR] \qquad (1)$$

- **Lagerhaltungskosten K_L [EUR]**

Da wir von einem kontinuierlichen Verbrauch (= Lagerabgang) ausgehen, beträgt der durchschnittliche Lagerbestand **x/2** [ME].
Die Lagerhaltungskosten K_L [EUR] setzen sich dann zusammen aus dem durchschnittlichen Lagerbestand **x/2** [ME], dem Einstandspreis **P** [EUR/ME] und dem Lagerhaltungskostensatz **lhks** [%].
Der Lagerhaltungskostensatz setzt sich zusammen aus dem Lagerkostensatz **lks** [%] als Prozentanteil der Lagerkosten (wie Raumkosten, Personalkosten, Energiekosten u. a.) am durchschnittlichen Lagerbestand und den Zinsen **i** [%] als Bewertungsgröße der Kapitalbindung des gelagerten Gutes, bezogen auf den durchschnittlichen Lagerbestand.

Die Lagerhaltungskosten können somit nach folgender Formel ermittelt werden:

$K_L = x/2 * P * lhks / 100$ bzw.
$$K_L = \frac{x * P * lhks}{2 * 100} \quad [EUR] \qquad (2)$$

- **Gesamtkosten K [EUR]**

Die Gesamtkosten **K** ergeben sich aus der Addition der Bestellkosten K_B und der Lagerhaltungskosten K_L:

$K = K_B + K_L$ bzw.
$$K = \frac{k_B * M}{x} + \frac{x * P * lhks}{2 * 100} \quad [EUR] \qquad (3)$$

Um die minimalen Gesamtkosten zu ermitteln, ist die Gleichung (3) zunächst im Sinne **dK/dx** zu differenzieren, das Ergebnis zu Null zu setzen und dann nach **x** aufzulösen.

- **Optimale Bestellmenge x_{opt} [ME]**

Aus dem Ansatz
$$\frac{dK}{dx} = - \frac{k_B * M}{x^2} + \frac{P * lhks}{2 * 100} = 0$$

erhalten wir durch Umstellen zunächst die Beziehung

$$x^2 * \frac{P * lhks}{200} = k_B * M$$

1. Modell und Modellmethode

Eine weitere Umformung führt dann zum Ergebnis für die Bestimmung einer optimalen Bestellmenge:

$$x_{opt} = \sqrt{\frac{200 * k_B * M}{P * lhks}} \quad (4)$$

ANDLER-Formel

Diese Formel wird auch nach dem ursprünglichen Autor auch als ANDLER-Formel bezeichnet.

Für die Berechnung der optimalen Bestellhäufigkeit gilt dann die Formel

$$h_{opt} = \frac{M}{x_{opt}} \; [-] \quad (5)$$

■ **Ableitung einer Lösung, Validierung der Ergebnisse**

Ein erarbeitetes Modell **M** ist logischerweise nur dann von Nutzen, wenn daraus Lösungen abgleitet werden können, die

Nutzen eines Modells

> einen *Lerneffekt* bewirken oder
> zur *Theorienbildung* (im Rahmen der Forschung) beitragen oder aber auch
> eine *Entscheidungsbildung* in der Praxis unterstützen (siehe **Abb. 1.03**).

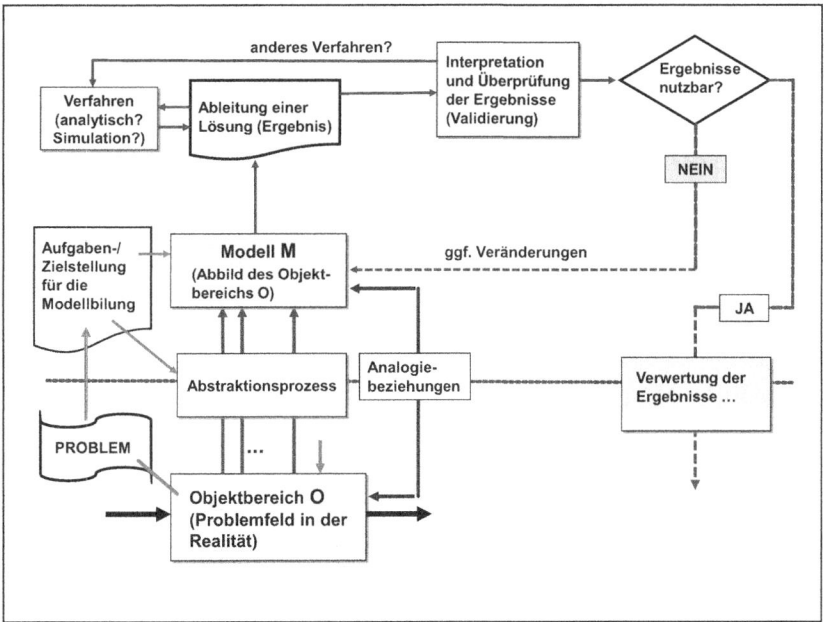

Abb. 1.03: Zur Ableitung einer Lösung aus dem einem Modell **M**

Soll ein aus einem Modell **M** abgeleitetes Ergebnis im Kontext zu Entscheidungsfindungen im Objektbereich **O** überführt werden, sind folgende Aspekte zu beachten:

Es gilt, die gefundene mathematisch-rechnerische Lösung mit den ursprünglichen Fragestellungen in Bezug auf das "Problem" zu konfrontieren. Vor allem gilt es zu prüfen, unter welchen Voraussetzungen das gefundene Ergebnis interpretierbar ist und für die Entscheidungsfindung genutzt werden kann, denn es kann ja sein, dass bei der Erarbeitung des Modells Annahmen getroffen wurden, die so in der Realität selten zutreffen.

Ferner ist zu überprüfen, ob bestimmte Parameter aus dem Objektbereich **O**, die nicht im Modell **M** berücksichtigt wurden, das rechnerisch gefundene Ergebnis wesentlich beeinflussen können u. a. m. Diese Überprüfung wird auch als **Validierung** bezeichnet. Was hierzu im betrachten Fall (ANDLER-Formel) zu beachten ist, wurde weiter oben bei der Erläuterung der in das Modell einzubeziehenden Größen angegeben.

Überprüfen der abgeleiteten Lösung, Validierung

Bei der Überprüfung der Akteptanz eines erarbeiteten Modells und der daraus abgeleiteten Lösung kann beispielsweise - etwas ironisch zu sehen – Folgendes passieren:

Einem Controller wird vom Vorgesetzten die Aufgabe gestellt, einen möglichst optimalen Standort für ein neu zu errichtendes Werk zu ermitteln. Der Controller gibt sich große Mühe, erarbeitet ein kompliziertes Modell, in das - seiner Ansicht nach - alle wichtigen Größen einbezogen sind und unterbreitet dem Vorgesetzten die rechnerisch gefundene Lösung. Der Vorgesetzte schaut sich das an, bedankt sich beim Controller und sagt schließlich: "*Das mag ja theoretisch alles gut und richtig sein, aber ich habe vorhin einen Anruf von einem Bürgermeister bekommen, der uns zu einem günstigen Preis ein Grundstück im Gewerbegebiet seiner Gemeinde anbietet. Ich denke, das werden wir kaufen!*" Das war's dann mit dem Modell und der gefundenen Lösung.

So muss es aber nicht immer ausgehen. denn die Praxis zeigt, dass viele Entscheidungen im Planungs- und Steuerungsprozess auf der Grundlage vorheriger Modellrechnungen getroffen werden, wobei vor allem jene Modelle von Interesse sind, die die Durchführung und Auswertung von *Experimenten* mit *Variation* von Modellparametern erlauben.

Dieser Aspekt soll nachfolgend näher erläutert werden.

1.3 Modell, Modellexperiment, Simulation

■ **Anliegen und Vorgehen**

Zielsetzung der Abbildung ökonomischer Sachverhalte sollte – wo immer möglich und sinnvoll – die Erstellung eines *rechenfähigen* Modells sein, das entweder *mathematisch* (in formelmäßiger) Ausdrucksweise beschrieben wird und das somit der Ableitung von Lösungen mittels *analytischer* Verfahren zugänglich ist oder das als *kybernetisches* Modell unter Nutzung von Darstellungselementen der *Signalflussdiagrammtechnik* auch als *graphisches* Modell im Lehr- und

Ziel: Rechenfähige Modelle

1. Modell und Modellmethode

Lernprozess wie auch für die praktische Entscheidungsbildung eingesetzt werden kann.

Da in derartigen Modellen immer mehrere Parameter eingehen, ist es naheliegend, mit dem Modell – etwa im Sinne einer *Faktorenanalyse* – wie folgt „zu spielen":

Man ändert den Wert eines Parameters x_i und verfolgt - bei unveränderten Werten der anderen Parameter - , welche qualitative und quantitative Auswirkung diese Änderung auf die definierte Zielgröße im Modell hat. Dann kann der Wert eines anderen Parameters geändert werden, und wieder wird verfolgt, welche Wirkung dies auf die Zielgröße hat usw.

Übergang zum Experiment bzw. Modellexperiment

Jede dieser Änderungen entspricht einem „*Versuch*" und die Folge dieser Versuche entspricht einem *Experiment*. Da es in vielen Fällen – wie an anderer Stelle schon hervorgehoben - nicht möglich oder nicht ratsam ist, derartige Versuche am *realen Objekt* durchzuführen, wird das beabsichtigte Experiment mit einem geeigneten *Modell* und somit als *Modellexperiment* ausgeführt.

> Als **Modellexperiment** wird eine Vorgehensweise bezeichnet, die dadurch gekennzeichnet ist, dass *experimentelle Versuche* nicht am betreffenden realen Objekt **O**, sondern an einem Modell **M** – als Repräsentant des Objekts **O** – durchgeführt werden (siehe auch **Abb. 1.04**).

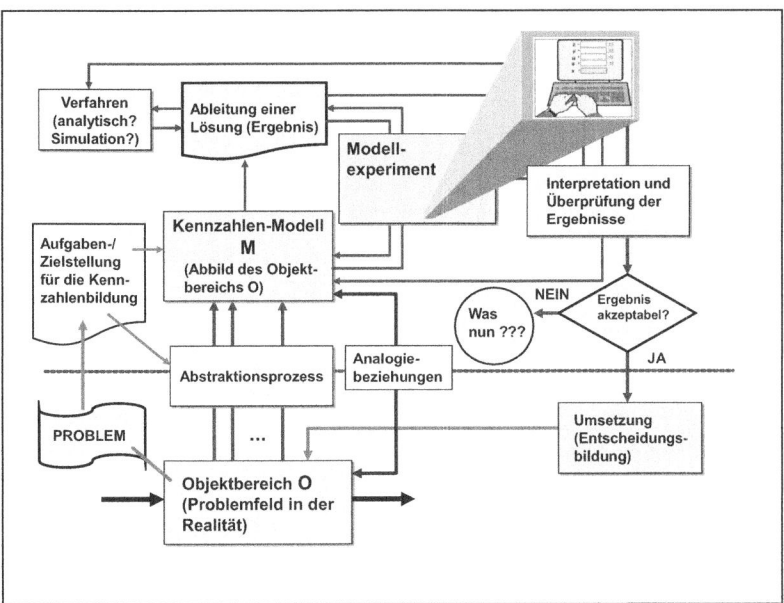

Abb. 1.04: Zur Einordnung des Modellexperiments in die Modellmethode

Die Verfügbarkeit über leistungsfähige Computer und entsprechende Softwarelösungen eröffnet heute vielfältige Möglichkeiten für die Durchführung derartiger Modellexperimente mit einem erarbeiteten (mathematischen bzw. kybernetischen) Modell.

Für die praktische Durchführung der derartiger Experimente eignet sich in hervorragender Weise die *Tabellenkalkulationssoftware MS Excel*, wobei im einfachsten Fall das sog. Steuerungselement "*Drehfeld*" (*Spin-Button*) für die Variation von Modellparametern genutzt werden kann. Dies kann in Bezug auf das hier erörterte Beispiel **B.01** (Ermittlung einer optimalen Bestellmenge) durch Aufruf der Datei „*01_WiKyb_Bestellmenge1.xlsx*" (Online-Zusatzmaterial) überprüft werden (siehe auch **Abb. 1.05**).

Bedeutung excel-basierter Modellexperimente

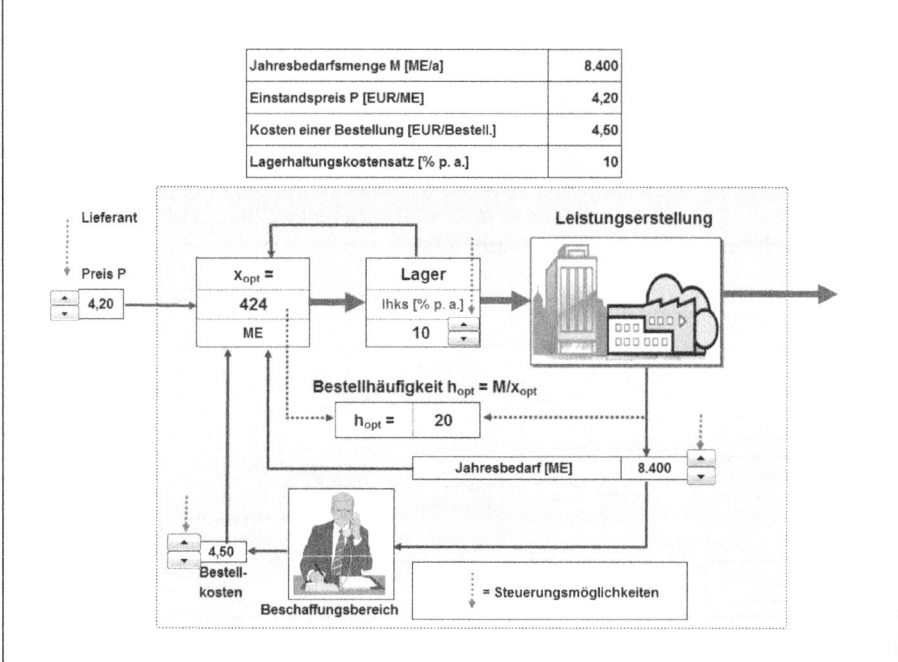

Abb. 1.05: Umsetzung der ANDLER-Formel in ein kybernetisches Modell zwecks Durchführung einfacher Modellexperimente

Der besondere Vorteil einer solchen excelbasierten Modelldarstellung besteht – außer dem Effekt einer anschaulichen Visualisierung des Problems der Ermittlung einer optimalen Bestellmenge – vor allem darin, dass über die Veränderung der Ausgangswerte für die Berechnung der Größe x_{opt} (mittels „Drehfelder") sofort sichtbar wird, wie „*empfindlich*" die Größe x_{opt} auf Änderungen des Wertes eines der angegebenen Modellparameter reagiert. Dies könnte über Neuberechnungen der Bestellmenge mittels Taschenrechner (oder über ein adäquates Rechenprogramm) in dieser Weise nicht verdeutlicht werden.

Derartige *Empfindlichkeitsanalysen (Sensitivitätsanalysen)* haben bei kybernetischen Modellexperimenten vor allem auch deshalb große Bedeutung, weil es

Empfindlichkeitsanalysen

1. Modell und Modellmethode

über diesen Weg möglich ist, zu prüfen, welcher *Steueraufwand* (z. B. Ressourceneinsatz) erforderlich ist, um den Wert einer zu steuernden Outputgröße (zum Beispiel einer zu erbringende Leistung) „bemerkbar" zu ändern!

■ Modellexperiment und Simulation

Fakt ist, dass sich viele ökonomische Sachverhalte derart formalisieren lassen, dass es gelingt, ein Modell **M** - als Formel oder als Gleichungssystem - zu erarbeiten, aus dem dann - unter Anwendung analytischer Verfahren bzw. entsprechender Algorithmen - eine rechnerische Lösung abgeleitet werden kann.

Dennoch bleibt ein Problem offen: In der Realität laufen Wirtschaftsprozesse nicht reibungslos, "nach Plan" ab. Stets muss damit gerechnet werden, dass zufällige Einflüsse - als *Störgrößen* - die Prozessabläufe mehr oder minder stark beeinträchtigen. Die Erstellung und Anwendung eines rein *analytischen* (*deterministischen*) Modells zu einem - durch Störungen beeinträchtigten – ökomomischen Sachverhalt oder Prozess würde in diesem Fall zu keinem praktikablen Ergebnis führen.

Beachtung des Auftretens von Störgrößen

Um in solchen Fällen dennoch zu Lösungen zu gelangen, die für das Treffen von Entscheidungen nützlich sind, muss ein anderer Weg der Modellierung und des Modellexperiments beschritten werden. Die Grundidee eines solchen Vorgehens besteht darin, das *Verhalten* eines realen Prozesses, der Störeinflüssen unterliegt, unter Zuhilfenahme eines *Ersatzsystems* nachzubilden und dies mit dem Vorgang des Experimentierens zu verbinden. Ein solches Vorgehen wird allgemein als *stochstische Simulation* bezeichnet.

> Unter **Simulation** ist allgemein die *Nachbildung* des Verhaltens von Systemen bzw. des Verlaufs von Prozessen anhand eines entsprechenden (physischen, mathematischen oder kybernetischen) Modells zu verstehen.
>
> Während im Rahmen einer rein *deterministischen Simulation* die Zusammenhänge zwischen den im Modell erfassten Größen als eindeutig bestimmt angesehen und Zufallseinflüsse nicht berücksichtigt bzw. vernachlässigt werden, geht es bei der *stochastischen Simulation* darum, das Wirken von Zufallseinflüssen mit Hilfe von sog. *Zufallszahlen* nachzubilden, wobei die datenmäßigen Grundlagen für die Bestimmung der mathematischen Form der betreffenden Zufallsgröße empirisch gewonnen oder hypothetisch angenommen werden.
> Ein Hauptanwendungsgebiet der stochastischen Simulation bilden - im hier betrachteten Kontext - viele Problemstellungen des Operations Research (OR) und der Wirtschaftskybernetik.

Begriff der Simulation

■ Nachbildung von Störeinflüssen

Das Besondere im Herangehen der Kybernetik an die Lösung von Steuerungsaufgaben bestand und besteht darin, dass das Auftreten von Störeinflüssen - auch bei Modelldarstellungen - nicht negiert, sondern *explizit* in die Untersuchung und Gestaltung von Steuersystemen mit einbezogen wird.

> Als **Störungen** (im Sinne der Kybernetik) werden jene Einflussgrößen auf Systeme bzw. Prozesse angesehen, die in Bezug auf
> - Ort und
> - Zeitpunkt des Auftretens sowie in Bezug auf die
> - Dauer der Wirkung
>
> nicht vorbestimmbar, d. h. *zufällig* sind und die mit ihrem Wirken das Funktionieren und das Verhalten eines Systems in einer Weise beeinflussen, dass es zu Abweichungen zwischen den Ist-Werten der zu steuernden Größen im Vergleich zu den zugehörigen Soll-Werten kommt.

Störungen: Begriffsbestimmung

Anliegen und Ziel der Einbeziehung der Wirkung von Störgrößen in ein Simulationsmodell ist es, zu überprüfen, ob und inwieweit das jeweilige Steuerorgan mit seiner "Performance" in der Lage ist, den zu steuernden Prozess auch bei Störeinwirkungen funktionsfähig und stabil zu halten.

Um das zu klären, bedarf es einer ausreichend gesicherten Hypothese zum Typ der Wahrscheinlichkeitsverteilung der Störgrößen als Zufallsgrößen.

In vielen Fällen genügt es, vom Typ der GAUSSschen *Normalverteilung* auszugehen und die Werte für Störungen unter Nutzung von normalverteilten *Zufallszahlen* **Z** zu erzeugen:[5]

Nutzung von Zufallszahlen

Es sei s_t der Wert einer Störgröße **S** im Intervall **t**, der Parameter **μ** der angenommene Mittelwert dieser Störgröße, der Parameter **σ** die erwartete Streuung der Störgröße um den Mittelwert sowie z_t eine *normalverteilte Zufallszahl* für das Intervall t. Dann kann über folgende Berechnungsformel eine Folge von Werten für die Störgröße **S** ermittelt und in die Simulation einbezogen werden:

$$s_t = \mu + \sigma * z_t$$

Dieser Ansatz wird in den **Fallbeispielen** (unter MS Excel) in den Online-Zusatzmaterialien angewendet.

---

[5] Siehe hierzu zum Beispiel: NAHRSTEDT, H.: Die Monte-Carlo-Methode: Beispiele unter Excel VBA (essentials). Springer-Vieweg Verlag, Wiesbaden 2015.
WALDEMANN, K.-H.: Simulation stochastischer Systeme: Eine anwendungsorientierte Einführung. Springer-Gabler Verlag, Wiesbaden 2016.

2. Wirtschaftskybernetische Modellbildung

2.1 Zum Gegenstand und Vorgehen wirtschaftskybernetischer Untersuchungen

■ Historische Einordnung, Begriffsbestimmung

Während bei der Begründung der wissenschaftlichen Grundlagen der Kybernetik zunächst die erkannten Analogiebeziehungen in Bezug auf Regelungs- und Informationsprozesse in der *lebenden Natur* und in *Automaten* die entscheidende Rolle spielten, setzte die Interpretation *ökonomischer* Sachverhalte aus kybernetischer Sicht und erst Ende der 50iger, Anfang der 60iger des vorigen Jahrhunderts ein.[6]

Erste Publikationen

Eine besondere Rolle bei der sachbezogenen Entwicklung, Nutzung und Publikation kybernetischer Darstellungen ökonomischer Sachverhalte in Deutschland spielten seit den 60iger Jahren des 20. Jh. die Internationale Konferenzreihe "Mathematik und Kybernetik in der Ökonomie"[7] sowie die 1968 gegründete "Gesellschaft für Wirtschafts- und Sozialkybernetik e. V." (Link: https://gws-kybernetik.org) mit ihren Publikationen in der Reihe "Wirtschaftskybernetik und Systemanalyse". Der Terminus "Wirtschaftskybernetik" bzw. "ökonomische Kybernetik" tauchte jedoch erst später auf.[8]

Zum Gegenstand und Ziel der Wirtschaftskybernetik soll hier Folgendes ausgeführt werden:

> Gegenstand der **Wirtschaftskybernetik** bilden Aufgaben der Analyse, Beschreibung und Modellierung der Struktur und der Funktionsweise von Wirtschaftseinheiten und -bereichen als dynamische, selbstorganisierende und selbststeuernde Systeme sowie Aufgaben der modellgestützten Simulation von Basis- und Steuerprozessen im Bereich der Wirtschaft unter Beachtung gegenwärtiger und künftiger Unsicherheiten sowie von internen und externen Störeinflüssen im Wirtschaftsgeschehen.
>
> Dies erfolgt vor allem mit dem Ziel, Aussagen und Darstellungen der betreffenden wirtschaftswissenschaftlichen Disziplinen zu Wirtschaftsprozessen aus der Sicht der Einheit von System, Steuerung und Information zu erweitern und zu vertiefen.

Zum Gegenstand der Wirtschaftskybernetik

---

[6] Siehe zum Beispiel:
GEYER, H./OPPELT, W. (Hrsg.): Volkswirtschaftliche Regelkreise. Verlag R. Oldenbourg, München 1957.
ADAM, A.: Messen und Regeln in der Betriebswirtschaft. Physica Verlag, Würzburg 1959.
BEER, St.: Kybernetik und Management. Fischer Verlag, Hamburg 1962.
Kybernetik in Wissenschaft, Technik und Wirtschaft. Akademie Verlag, Berlin 1962.
[7] Siehe Konferenzprotokoll "Mathematik und Kybernetik in der Ökonomie", Akademie-Verlag, Berlin 1964. Folgekonferenzen alle zwei Jahre bis 1985 in der Ex-DDR.
[8] Siehe zum Beispiel: NÜRK, R.: Wirtschaftskybernetik. In Zeitschrift für Betriebswirtschaft, Jg. 1965.
LANGE. O.: Einführung in die ökonomische Kybernetik. Akademie Verlag, Berlin 1968.
LANGE, O.: Ganzheit und Entwicklung in kybernetischer Sicht. Akademie-Verlag 1969.
ADAM, A./HELTEN, E./SCHOLL, F.: Kybernetische Modelle und Methoden. Einführung für Wirtschaftswissenschaftler. Westdeutscher Verlag, Köln/Opladen 1970.

© Springer Fachmedien Wiesbaden GmbH, ein Teil von Springer Nature 2020
S. von Känel, *Arbeitsbuch zu Betriebswirtschaftslehre – Eine Einführung*,
https://doi.org/10.1007/978-3-658-27900-4_2

Ferner geht es darum, den Entscheidungsträgern in der Wirtschaft geeignete Entscheidungshilfen, vor allem in Gestalt von computergestützten Simulationsmodellen bereitzustellen, die es ihnen bei der Planung, der Realisierung sowie der Überwachung und Kontrolle der zu steuernden Basisprozesse ermöglichen, vorausschauende und möglichst optimale Entscheidungen zu treffen und dabei den Erfordernissen einer selbstlernenden Steuerung im betreffenden Verantwortungsbereich gerecht zu werden.

Zum Anliegen der Wirtschaftskybernetik

Ihren Höhepunkt erreichten Publikationen zu Grundlagen und Anwendungen der Wirtschaftskybernetik in den 70iger Jahren des 20. Jh.[9] Seitdem ging das Interesse an diesem Thema sichtbar zurück, denn nachfolgend waren nur noch wenige Gesamtdarstellungen zur Kybernetik mit Bezug zur Anwendung in der Ökonomie zu verzeichnen. Dafür wurde dem Thema "*Systemforschung und Systemanalyse*" mehr Aufmerksamkeit geschenkt.[10]

Seit geraumer Zeit wird die Kybernetik - vor allem mit Bezug zum *Management* sowie zu den aktuellen Fragen der Auswirkungen der *Digitalisierung* in der Wirtschaft - wieder entdeckt. Davon zeugen eine Reihe neuerer Publikationen.[11]

Kybernetik und Management, Kybernetik und Digitalisierung

Bei allen Sachverhalten in Bezug auf die Entwicklung theoretischer wie praktisch nutzbarer wirtschaftskybernetischer Modelle ist zu beachten, dass diese Arbeiten nur dann Erfolg versprechen, wenn dies unter Einbeziehung von Methoden und Modellen des *Operations Research*, der *Statistik* und *Wahrscheinlichkeitsrechnung*, der *Finanzmathematik* und der *Wirtschaftsinformatik* erfolgt.

Dies soll auch die Darstellung in der nachstehden **Abb. 2.01** verdeutlichen.

---

[9] Siehe zum Beispiel: HELTEN, E.: Möglichkeiten und Grenzen der Wirtschaftskybernetik. Deutscher Industrieverlag, Köln 1970.
von KÄNEL, S.: Kybernetik für Ökonomen. Verlag Die Wirtschaft, Berlin 1968/1971/1972.

[10] Siehe zum Beispiel:
Reihe Wirtschaftskybernetik und Systemanalyse, Duncker & Humblot Verlag, Berlin.

MALIK, F.: Strategie des Managements komplexer Systeme: Ein Beitrag zur Management-Kybernetik evolutionärer Systeme. Haupt Verlag, Bern 2002/2015.

GROTH, T.: 66 Gebote systemischen Denkens und Handelns in Management und Beratung. Carl Auer Verlag, Heidelberg 2017.

[11] Siehe: von KÄNEL, S.: Lernsoftware "Controlling", NWB Verlag, Herne 2012.
FEITEN, M.: Management-Kybernetik: - eine Lösung für Komplexität in mittelständischen Unternehmen. VDM Verlag Dr. Müller, Saarbrücken 2009.

BOYSEN, W.: Kybernetisches Denken und Handeln in der Unternehmenspraxis. Gabler Verlag, Wiesbaden 2011.

UNTERGUGGENBERGER, S.: Die Rolle der Kybernetik als Weg aus der Wirtschaftskrise. Verlag Synergia, Basel, Zürich 2013.

RID. Th./ADRIAN, M.:: Maschinendämmerung: Eine kurze Geschichte der Kybernetik. Ullstein-Verlag, 2016.

KÜPPERS, E. W.: Eine transdisziplinäre Einführung in die Welt der Kybernetik: Grundlagen, Modelle, Theorien und Praxisbeispiele. Springer-Vieweg, Heidelberg 2019.

2. Wirtschaftskybernetische Modellbildung

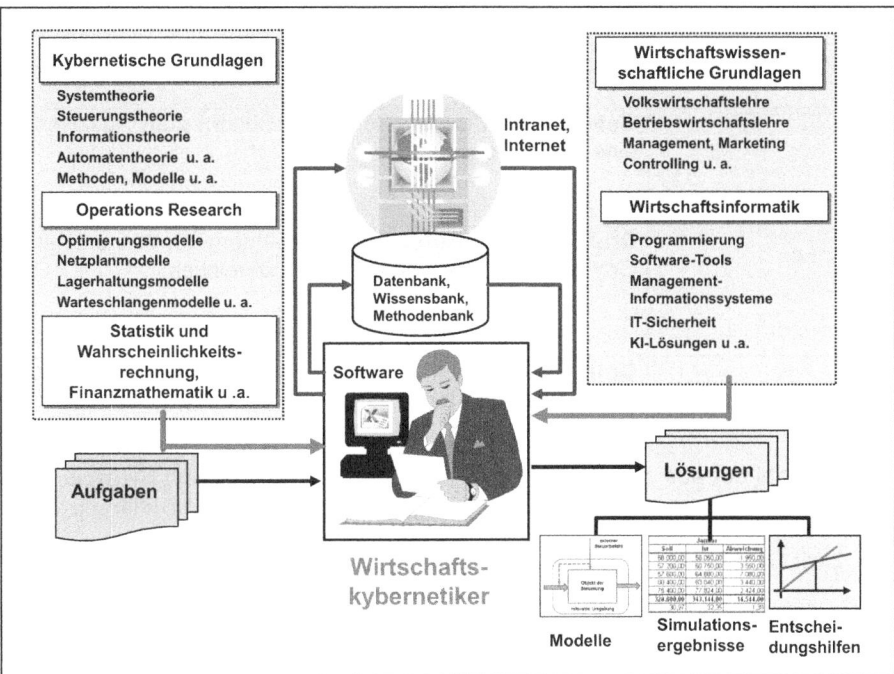

Abb. 2.01: Zum "Arbeitsfeld" eines Wirtschaftskybernetikers

Im Weiteren soll nun ein Vorgehen bei der Erarbeitung und Nutzung wirtschaftskybernetischer Modelle anhand eines anschaulichen Beispiels "step-by-step" veranschaulicht werden, das vom Autor dieses Buches seit langem praktiziert und publiziert wird.

■ **Zum Grundkonzept der Modellierung**

Das *Grundkonzept* der vom Autor gewählten Vorgehensweise einer wirtschaftskybernetischen Modellierung ökonomischer Sachverhalte besteht darin,

> ➢ die sachlich begründeten *Ursache-Wirkung-Zusammenhänge* unter Nutzung von *Signalflussdiagrammdarstellungen* sowohl anschaulich zu visualisieren als auch zugleich in ihrem mathematisch beschreibbaren Kontext anzugeben,

> ➢ das so erstellte graphisch-mathematische Modell in eine *Excel-Datei* einzubinden, um dann im Weiteren Veränderungsmöglichkeiten bei den Steuergrößen unter Nutzung von *Formularsteuerelementen* bzw. von *ActiveX-Steuerelementen* einzuordnen, die dann - falls erforderlich – mit

> ➢ Prozeduren (*Modulen*) unter Nutzung der *Programmiersprache VBA* (*Visual Basic for Application*) verbunden werden, so dass *Simulationsrechnungen* mit dem erarbeiteten Modell möglich sind.

Aus dem Angebot an **Formularsteuerelementen** unter MS Excel werden vor allem folgende Elemente genutzt:

Excel-Formular-Steuerelemente

	Befehlsschaltfläche (Command-Button) zum Auslösen einer VBA-Prozedur
	Drehfeld (Spin-Button) zum Verändern der Werte einer Größe innerhalb eines definierten Bereiches
	Optionsbutton (eine definierte Bedingung ist erfüllt / ist nicht erfüllt)

Eine Auswahl der aus der Regelungstechnik bekannten *graphischen Symbole* für Signalflussdiagramme wurde in nachstehender Tabelle zusammengestellt.

Tab. 2.01: Symbole für Signalflussdiagramme

Symbole der Signalflussdiagrammtechnik

Symbol	Bedeutung, Erläuterung
(Diagramm mit Eingang x, Ausgang y, Faktor k)	**Lineares Übertragungsglied** x = Eingangsgröße (Input) y = Ausgangsgröße (Output) k = linearer Übertragungsfaktor
(Diagramm: x_1, $+x_2$, $S = x_1 + x_2$)	**Additionsstelle**
(Diagramm: x_1, $-x_2$, $S = x_1 - x_2$)	**Subtraktionsstelle**
(Diagramm: x_1, x_2, $z = x_2 / x_1$)	**Divisionsstelle**
(Diagramm: x_1, x_2, $z = x_1 * x_2$)	**Multiplikationsstelle**

2. Wirtschaftskybernetische Modellbildung

Symbol	Bedeutung, Erläuterung
(Verzweigungssymbol mit x)	Verzweigung einer Größe x
(Messstellensymbol)	Messstelle
(Umwandlungssymbol)	Umwandlungstelle (z. B. für Güter-Geld-Tausch auf Märkten)

■ Ziel der Modellierung

Anliegen und *Ziel* der wirtschaftskybernetischen Modellierung eines abgegrenzten ökonomischen Sachverhalts wird darin gesehen, die *funktionalen Beziehungen* zwischen einer zu steuernden Zielgröße **y** einerseits und folgenden weiteren Größen andererseits zu bestimmen:

Zu klärende funktionale Beziehungen

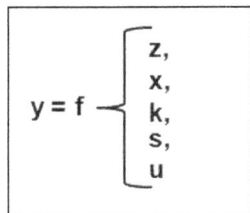

Es bedeuten:

z   Zustandsgrößen (z. B. Bestandsgrößen, Bilanzgrößen),

x   Inputgrößen (z. B. Ressourceneinsatz),

k   Übertragungsfaktoren (z. B. Wirkungsgrade wie Produktivität u. a.)

s   Störgrößen (zufallsbedingte Einflüsse auf o. g. Größen),

u   Steuergrößen (im Sinne zielgerichteter Einflussnahme auf Prozesse).

Nach diesen Vorbereitungen soll nun anhand ausgewählter Fallbeispiele gezeigt werden, wie - entsprechend dem hier kurz skizzierten Konzept - wirtschaftskybernetische Modelldarstellungen entwickelt und für die Anwendung der experimentellen Methode in Lehr- und Lernprozesses sowie für Entscheidungsprozesse aufbereitet werden können.

2.2 Kybernetische Modelle zu Kennzahlensystemen

2.2.1 Kennzahlen und Kennzahlensysteme

In Theorie und Praxis der Betriebswirtschaft, vor allem im Kontext zum *Controlling*, spielen bekanntlich *Kennzahlen* eine große Rolle (siehe hierzu auch die Ausführungen im Kapitel 3 des Buches).

Es handelt sich hierbei um absolute bzw. relative Größen, die in knapper, prägnanter Form mess- und bewertbare betriebswirtschaftliche Tatbestände und Sachverhalte in Bezug auf Unternehmen und deren Geschäftsbetrieb zahlenmäßig widerspiegeln.

Diese Kennzahlen dienen vornehmlich

> der *Bewertung der Ergebniswirksamkeit* abgelaufener betriebswirtschaftlicher Prozesse,

> der *Überwachung* und *Kontrolle* laufender betriebswirtschaftlicher Prozesse,

> der *Frühwarnung* in Bezug auf krisenhafte Entwicklungen im Geschäftsbetrieb von Unternehmen sowie

> der *Ableitung* und *Begründung von Entscheidungen* bei der *Steuerung* laufender und künftiger Geschäftsprozesse u. a. m. (siehe **Abb. 2.02**).

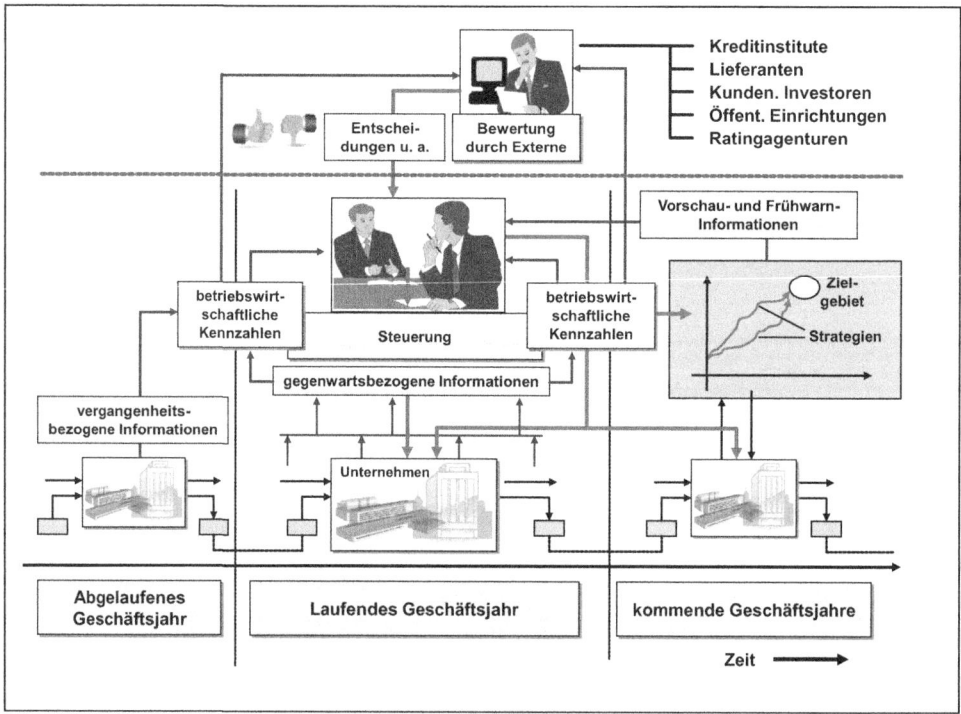

Abb. 2.02: Einordnung von Kennzahlen in den Steuerprozess

2. Wirtschaftskybernetische Modellbildung

In der Regel werden betriebswirtschaftliche Kennzahlen dabei nicht isoliert, sondern im Rahmen von *Kennzahlensystemen* genutzt.
Es handelt sich hierbei um geordnete Gesamtheiten betriebswirtschaftlicher Kennzahlen, die aus der logischen Verknüpfung einzelner Kennzahlen unter Beachtung ihres sachlichen Bezugs zueinander und der Rangordnung der Kennzahl im betreffenden System bestehen.
Im Weiteren werden nun wirtschaftskybernetische Modellierungen zu vier ausgewählten Kennzahlensystemen vorgenommen (*Du-Pont-Kennzahlensystem, Eigenkapitalrentabilität nach der Leverage-Formel, WACC-Kennzahlensystem* und *Ertragswert-Kennzahlensystem*).

2.2.2 Fallbeispiel 1 „Du-Pont-Kennzahlensystem"

■ **Ökonomischer Sachzusammenhang**

Das *Du-Pont-Kennzahlensystem* ist ein weltweit bekanntes System von Unternehmenskennzahlen, das sowohl im Rahmen der *Ex-post*-Analyse als auch im Rahmen der *Ex-ante*-Analyse genutzt wird.[12] Im Zentrum dieses Kennzahlensystems steht die Kennzahl "*ROI*" (*Return on Investment*), die inhaltlich auch mit der Kennzahl „*Gesamtkapitalrentabilität*" identifiziert werden kann. Mit der Bildung und Analyse der Kennzahl ROI wird – speziell bei Investitionsvorhaben – darauf orientiert, einen *höchstmöglichen Gewinn je eingesetzter Kapitaleinheit* zu erreichen.

In der obersten Ebene wird die Kennzahl **ROI** durch die multiplikative Verknüpfung der Kennzahl "*Umsatzrentabilität*" (Symbol: **ur** [%]) und der Kennzahl "*Umschlagszahl des Kapitals*" (Symbol: **uz** [-/a]) gebildet (siehe **Abb. 2.03**).

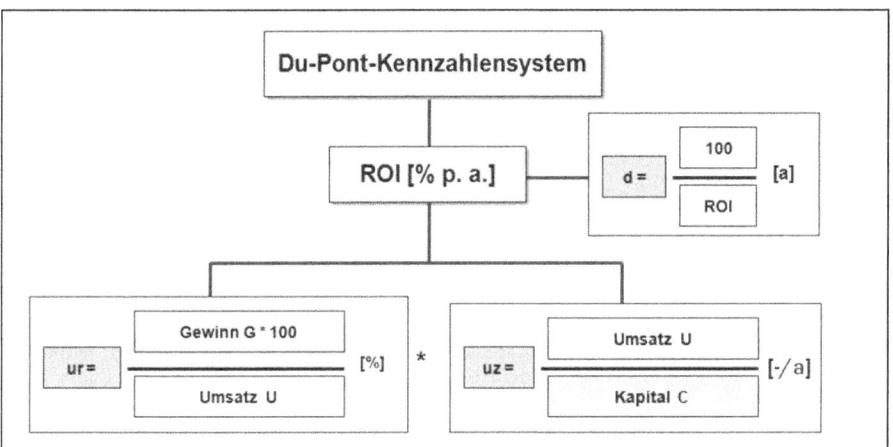

Abb. 2.03: Struktur des Du-Pont-Kennzahlensystems

---

[12] Siehe hierzu:
BRITZELMAIER, B.: Controlling: Grundlagen, Praxis, Handlungsfelder. Pearson Studium, Halbergmoos 2017.
von KÄNEL, S.: Betriebswirtschaftslehre. Eine Einführung, a. a. O.
ZIEGENBEIN, K.: Controlling. Kiehl Verlag, Herne 2012.

Wenn die Daten zu den Grundgrößen "Kapital **C**", "Umsatz **U**" und "Gewinn **G**" bekannt sind, ist es natürlich einfach, die abgeleiteten Kennzahlen "**ur**", "**uz**", "**ROI**" und "**d**" zu ermitteln. Sachlich gelöst ist damit kein Problem, denn es blleiben folgende Fragen offen:

> Wie hängt der Kapitaleinsatz **C** mit dem Umsatz **U** sachlich zusammen und was bestimmt die Höhe des Gewinns **G** im Kontext zum Kapitaleinsatz **C** und dem Umsatz **U**?
> Über welche *Steuergrößen* kann die Spitzenkennzahl **ROI**- vom Ursprung her - beeinflusst werden und welche *Störgrößen* können im praktischen Fall das ROI-Ergebnis beeinträchtigen?
> Und wie lässt sich eine *Zeitfolge-Simulation* über mehrere Perioden bewerkstelligen, um daraus Schlüsse für die Planung und Steuerung des künftigen Geschäftsbetriebs ziehen zu können?

Eine Antwort auf diese Fragen lässt sich über eine *wirtschaftskybernetische Modellbildung* des in Abb. 2.03 skizzierten Zusammenhangs finden. Dies soll nachfolgend aufgezeigt werden.

■ **Schritt 1: Input-Output-Darstellung zum Unternehmen**

In einem ersten Schritt der Modellbildung betrachten wir ein Unternehmen als "*Black box*": Als einzige Eingangsgröße (Input) wird das investierte bzw. zu investierende Kapital **C** (im Wertausdruck, gemessen in [1000 EUR]) betrachtet. Inhaltlich kann die Größe **C** als Wertgröße des im Unternehmensprozess im Durchschnitt einer Zeitperiode eingesetzten Gesamtkapitals oder aber auch als zu tätigende oder getätigte Investitionssumme interpretiert werden.

<small>Zur Beziehung zwischen Kapitaleinsatz (Input) und Leistung (Output)</small>

Wichtig: Als Ausgangsgröße (Output) darf hier nicht etwa der in einer Zeitperiode (z. B. Geschäftsjahr) erzielte Umsatz interpretiert werden. Dies deshalb nicht, weil Umsätze nur dann erzielt werden, wenn die im Unternehmensprozess erstellten Produkte (Erzeugnisse, Leistungen) auf *Zielmärkten* tatsächlich *verkauft* werden konnten! Solange dies nicht der Fall ist, kann als Output nur die periodenbezogene *Gesamtleistung* **L** (als Wertgröße, gemessen in [1000 EUR /a]) in die Modellerstellung eingehen, wenn als Periode die Dauer eines Geschäftsjahres (Symbol a = anno) gewählt wird.

Im Weiteren wird angenommen, dass die gesamte periodenbezogene Leistung **L** als *Absatzleistung* zum Tragen kommen soll, das heißt, auf eine explizite Einbeziehung einer möglichen *Bestandsleistung* (aus Veränderungen des Bestands an fertigen und unfertigen Erzeugnissen/Leistungen) sowie einer möglichen (zu aktivierenden) *Eigenleistung* wird hier verzichtet.

Wenn nun Input und Output unserer "Black box" bestimmt sind, gilt es, eine sachliche Beziehung zwischen diesen beiden Größen herzustellen. In der kybernetischen Betrachtung wird diese Beziehung durch den sog. Übertragungsfaktor **k** hergestellt.

<small>Bedeutung des Übertragungsfaktors **kp**</small>

In der *Vorwärtsbetrachtung* (vom Input zum Output) repräsentiert dieser Faktor - aus inhaltlicher Sicht - ein *Produktivitätsniveau*. Er wird daher als *Kapitalproduktivität* **kp** bezeichnet, denn der betreffende Zahlwert gibt an, welche

2. Wirtschaftskybernetische Modellbildung

periodenbezogene Leistung **L** [EUR/a] - im Durchschnitt einer Periode - je 1.000 EUR eingesetzten Kapitals **C** im Unternehmensprozess erzielt wird oder erzielt werden soll (Maßeinheit [-/a]).

In der *Rückwärtsbetrachtung* (Output zu Input) ist der Zahlwert des (reziproken) Übertragungsfaktors **kp** als *Intensitätsniveau* zu interpretieren, denn er gibt an, welcher Kapitaleinsatz **C** (in [EUR]) im Durchschnitt erforderlich ist, um im Unternehmensprozess eine Leistung **L** in Höhe von 1.000 EUR/a hervorzubringen.[13]

Im Ergebnis des ersten Schritte einer wirtschaftskybernetischen Abbildung und Interpretation eines Unternehmensprozesses gelangen wir zu dem in **Abb. 2.04a** darstellten Modell.

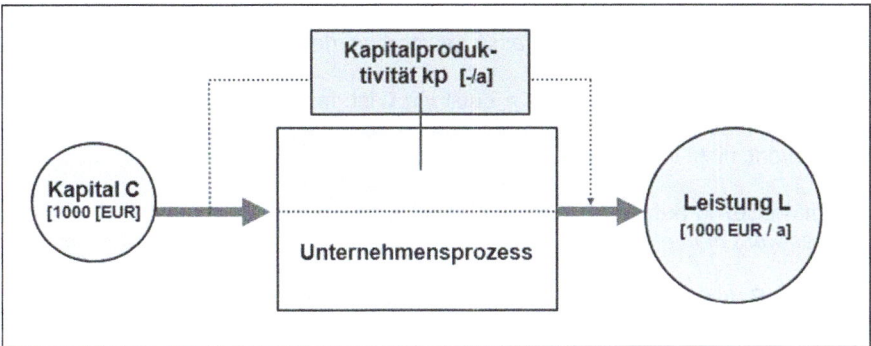

Abb. 2.04a: Input-Output-Modell zum Unternehmensprozess

Wichtig: Anhand der in der zugehörigen Excel-Datei vorgenommenen Modelldarstellung kann Folgendes sichtbar gemacht werden:

Solange der Zahlwert (= Niveau) der Kapitalproduktivität **kp** *konstant* bleibt, kann der Kapitaleinsatz **C** - sofern die Mittel verfügbar sind - beliebig "hoch-gepowert" und damit die Leistung **L** gesteigert werden, ohne dass sich dadurch am Niveau der Kennzahl "ROI" etwas ändert, auch wenn die Leistung **L** in Umsatz gewandelt werden kann.

Daraus folgt bereits jetzt: Der Übertragungsfaktor **k** (hier als Kapitalproduktivität **kp** interpretiert) ist die *erste wichtige Steuergröße* im wirtschaftskybernetischen ROI-Modell!

*Der Übertragungsfaktor **k** als Steuergröße*

■ Schritt 2: Von der Leistung L zum Umsatz U

Im Schritt 1 zum hier betrachteten Sachverhalt wurde unterstellt, dass die gesamte Leistung **L** [1000 EUR/a] als *Absatzleistung* realisiert werden soll, was - im Gegenwert - zum periodenbezogenen Umsatz **U** [1000 EUR/a] führen würde.

Nun leben wir aber in Zeiten hart umkämpfter Märkte, was bedeutet, dass sich im Absatzprozess auf Zielmärkten "Überraschungen" einstellen können.

---

[13] An sich liegen diese Interpretationen zu einem Unternehmensprozess auf der Hand. In die einschlägige BWL-Literatur hat der so wichtige Begriff des "Übertragungsfaktors" (mit Bezug zum Sachverhalt "Produktivität" bzw. "Intensität") jedoch leider keinen Eingang gefunden, auch dann nicht, wenn von "Input" und "Output" die Rede ist.

Zumindest sollten daher folgende Sachverhalte in die Modellbildung einbezogen werden: *(Zur Rolle des Preises im Modell)*

(a) Es ist zu klären, zu welchen *Preisen* die Leistung **L** bewertet wird. Im Normalfall sind die fertigen Produkte zu *Betriebspreisen* (= Selbstkosten + kalkulatorischer Gewinn) zu bewerten. Gegenüber den Kunden werden jedoch *Verkaufspreise* offeriert, in die *Rabatte* und *Skonti* eingerechnet werden können. Die für die Modellrechnung wichtige Größe Umsatz muss somit auf Basis der realisierten *Verkaufspreise* berechnet werden.

(b) Weiterhin kann der Fall eintreten, dass nicht die gesamte erstellte Leistung in der betrachteten Periode verkauft und damit zu Umsätzen geführt werden kann. Folge: Umsatz **U** < Leistung **L**. Die gleiche Wirkung tritt ein, wenn - im Interesse des Verkaufs - größere *Preisnachlässe* gewährt werden müssen.

Aber auch die Situation Umsatz **U** > Leistung **L** ist denkbar, und zwar dann, wenn bei Verkaufshandlungen höhere Preise erzielt oder Kunden eingerechnete Kundenskonti nicht in Anspruch nehmen u. a. m.

Kurzum: In Bezug auf die Relation "Leistung **L** zu Umsatz **U**" gilt der Satz "*Nichts Genaues weiß man nicht!*".

Für einen Betriebswirt, der gern mit Sicherheiten arbeiten will, wäre das ein Problem, nicht aber für einen Kybernetiker, denn der ist gewohnt, mit Unsicherheiten, Unwägbarkeiten zu leben!

Für die Weiterführung der wirtschaftskybernetischen Modellierung des ROI-Kennzahlensystems gilt es, zwei Sachverhalte explizit deutlich zu machen:

Erstens geht es darum, jenen betriebswirtschaftlich wichtigen Sachverhalt adäquat im Modell zu verdeutlichen, der darin besteht, dass beim Absatz der Produkte auf Zielmärkten ein *Formwandel* des Kapitals erfolgt: Das in den erstellten Produkten gebundene Kapital (wertmäßig als *Leistung* ausgewiesen) wird durch Verkauf in *Umsatzerlöse* gewandelt. entweder gleich in *Cashform* (Barverkauf) oder in "*Forderungen aus Lieferungen und Leistungen*" (Verkauf auf Ziel). *(Formwandel des Kapitals im Absatzprozess)*

Zweitens: Die skizzierte Umwandlung wird durch eine Reihe von *Unsicherheiten, Unwägbarkeiten* beeinflusst, mit der Folge, dass im Ergebnis Abweichungen zwischen der erstellten Leistung **L** und der für die Modellrechnung benötigen Umsatzgröße **U** eintreten können (**U <> L**).

Der erste Sachverhalt (Formwandel) kann im Modell durch die Verwendung des Symbols für ein "*Umwandlungsglied*" verdeutlicht werden. Der zweite Sachverhalt wird im Weiteren durch die Einführung einer neuen (dimensionslosen) Modellgröße **m** berücksichtigt, die als "*Faktor der Marktrealisierung*" bezeichnet wird und die im idealen Fall den Wert **m = 1,0** annimmt. *(Beachtung von Unwägbarkeiten durch einen Faktor m)*

Es handelt sich hierbei um eine Einflussgröße, die bei Simulationsrechnungen als *Zufallsgröße* (mit m >= 1,0 bzw. m < 1,0) nachgebildet werden kann.

2. Wirtschaftskybernetische Modellbildung

Im Ergebnis des zweiten Schrittes einer wirtschaftskybernetischen Abbildung und Interpretation eines Absatzprozesse gelangen wir zu dem in **Abb. 2.04b** darstellten Modell.

Von der Leistung **L** zu Umsatzerlösen **U**

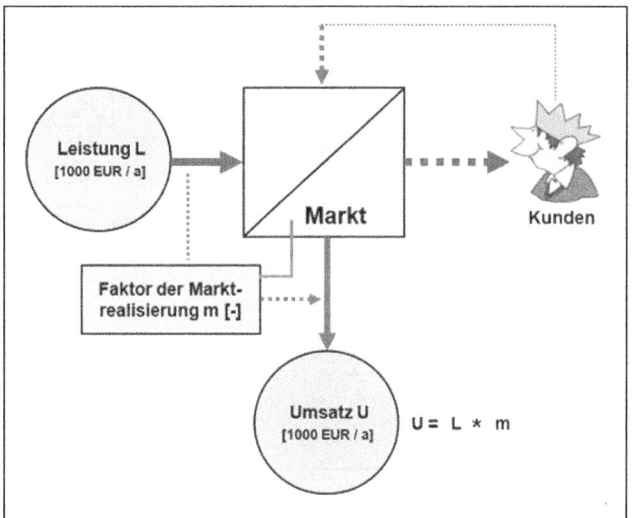

Abb. 2.04b: Zur Beziehung zwischen „Leitung **L**" und „Umsatz **U**" im kybernetischen ROI-Modell

■ Schritt 3: Leistung L, Kosten K, Gewinn G

Nach der Klärung der Frage, wie die Grundgröße "Umsatz **U**" zu ermitteln ist, gilt es nun nur noch, aufzuzeigen, wie man im skizzierten Unternehmensmodell zur Grundgröße "Gewinn **G**" gelangen kann.

Von der Leistung **L** zum Gewinn **G**

Vereinfacht gilt: Gewinn **G** = Umsatzerlöse **U** ./. Selbstkosten **K**.

Dabei ist jedoch zu beachten, dass die Selbstkosten **K** nicht ursächlich mit der Größe "Umsatz" zusammenhängen, sondern im skizzierten Unternehmensprozess eindeutig Bestandteil der Leistung **L** sind! Um diesen Zusammenhang im Modell zu berücksichtigen, wird eine weitere betriebswirtschaftliche Kenngröße des Unternehmensprozesses eingeführt, die als *Kostensatz* **ks** [EUR/100 EUR] bekannt ist.

Kostensatz **ks** als Übertragungsfaktor

Diese Kenngröße, die - wie die Kapitalproduktivität k - eine *Niveaugröße* ist und als *linearer Übertragungsfaktor* interpretiert werden kann, zeigt an, welcher *Aufwand* (im Kostenausdruck) - im Durchschnitt - getätigt werden muss, um im betreffenden Unternehmensprozess eine *Leistung* **L** in der Größe **L = 100** EUR zu erstellen. Im Ergebnis des dritten Schrittes einer wirtschaftskybernetischen Abbildung und Interpretation der Prozesse "Leistungserstellung", "Kostenverursachung" und "Absatz" gelangen wir zu dem in **Abb. 2.05** darstellten Modell.

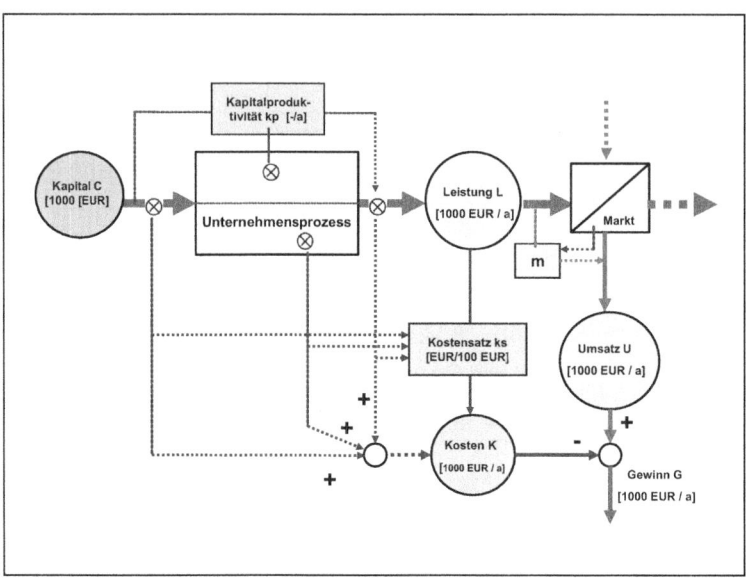

Abb. 2.05: Kybernetische Darstellung der Grundbeziehungen im Umsatzprozess

Wichtig: Der Kostensatz **ks** [EUR/100 EUR] ist neben der Kapitalproduktivität **kp** die *zweite wichtige Steuergröße* im wirtschaftskybernetischen ROI-Modell!

Kostensatz **ks** als Steuergröße

Alle weiteren Kennzahlen-Berechnungen basieren nun auf den in Abb. 2.05 skizzierten Grundgrößen und Zusammenhängen, so dass sich das ROI-Modell schnell komplettieren lässt.

■ Schritt 4: Vervollständigung des ROI-Modells

Die Berechnungsformeln zu den Kennzahlen Umsatzrentabilität **ur** [%], Umschlagszahl **uz** [-/a], **ROI** [%/a] und Rückflussdauer **d** [a] sind in Abb. 2.02 angegeben.

Damit kann das in Abb. 2.05 dargestellte Modell unter Nutzung der Symbole für Signalflussdiagramme nunmehr in einer Weise komplettiert werden, wie dies die Darstellung in **Abb. 2.06** (Folgeseite) zeigt.

Dieses Modell wurde in die Excel-Datei „02_*WiKyb_DuPont-Modell_L.xl*sm" (Online-Zusatzmaterial) übernommen und mit einigen Formularsteuerelementen sowie VBA-Prozeduren rechen- und simulationsfähig ausgestaltet werden.

2. Wirtschaftskybernetische Modellbildung

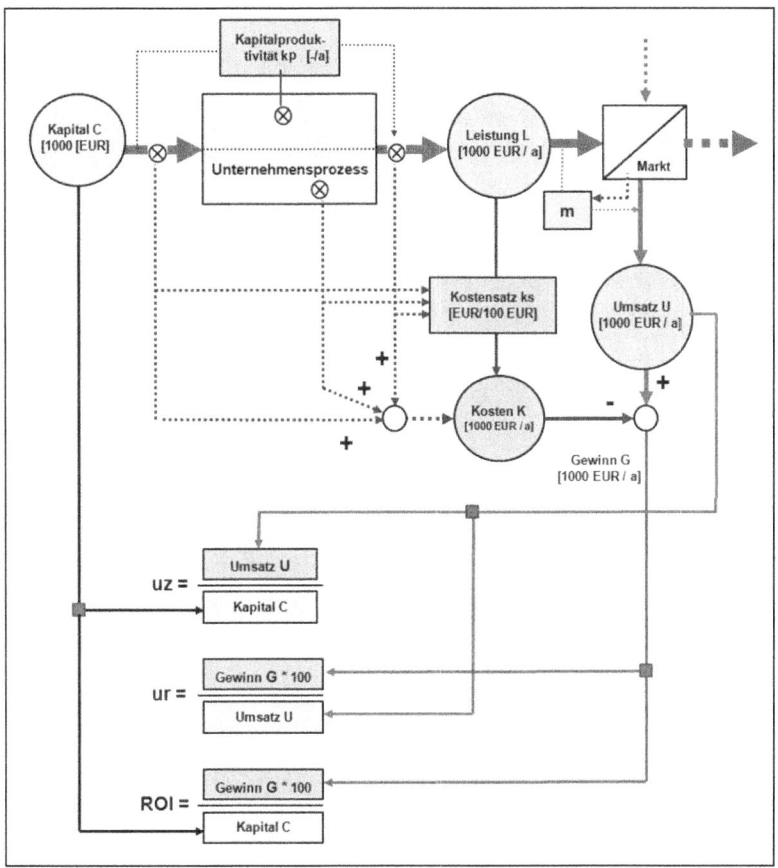

Abb. 2.06: Wirtschaftskybernetische Darstellung des ROI-Kennzahlensystems

- **Schritt 5: Erstellen eines Berechnungsmodells unter MS Excel**

Die verfügbaren Grafik- und Formularsteuerelemente unter MS Excel erlauben es, die skizzierte wirtschaftskybernetische Darstellung des ROI-Kennzahlensystems in ein numerisches Berechnungsmodell umzusetzen (siehe **Abb. 2.07** und die weiter oben angegebene **Excel-Datei** im Online-Zusatzmaterial).

Um den ROI-Wert zu beeinflussen, können die Werte des Kapitaleinsatzes (Größe **C**), die Werte der beiden (einzigen) Steuergrößen **k** und **ks** sowie die der Einflussgröße **m** mittels "*Drehfelder*" in einem voreingestellten Bereich geändert werden.

Jede Änderung eines dieser Werte zeigt sofort die Auswirkungen auf alle anderen Modellgrößen an. Änderungen sind dabei im Sinne der *Faktorenanalyse* vorzunehmen: "*Ändere den Wert nur eines Faktors und schaue, was dann passiert!*"

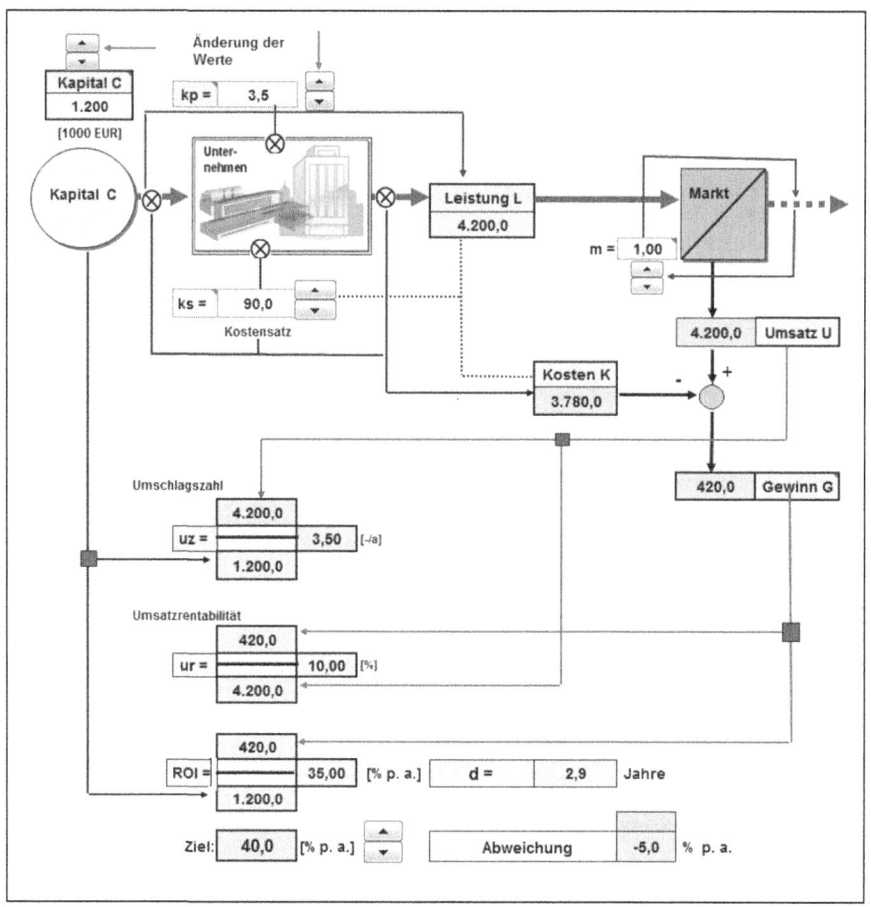

Abb. 2.07: Excelbasierte Darstellung des ROI-Kennzahlenmodells (mit Beispielwerten)

- **Schritt 6: Erstellen eines Simulationsmodells unter MS Excel**

Die Nutzung des excelbasierten ROI-Kennzahlenmodells für eine Faktoranalyse vermag zwar einige Aufschlüsse über Ursache-Wirkung-Zusammenhänge im Kennzahlensystem vermitteln, dies kann aber nicht letztlich das Ziel einer wirtschaftskybernetischen Modellierung ökonomischer Sachverhalte sein.

Viel wichtig ist es, das skizzierte Modell so zu erweitern, dass damit *Simulationsrechnungen* über *mehrere Perioden* (Geschäftsjahre) durchgeführt werden können, um daraus Schlussfolgerungen für die *Steuerung* des betreffenden Unternehmensprozesses für künftige Zeitperioden ableiten zu können.

Übergang zu Simulationsrechnungen

Unter diesem Aspekt wurde das in der angegebene Excel-Datei erweitert und durch Zeitfolge-Simulationsprozeduren mit anschließender tabellarischer und

2. Wirtschaftskybernetische Modellbildung

grafischer Auswertung ergänzt (siehe Excel-Datei „*03_WiKyb_DuPont-SimModell_L.xlsm*" im Online-Zusatzmaterial).

Die Darstellung in **Abb. 2.08** zeigt das zugehörige Signalflussdiagramm.

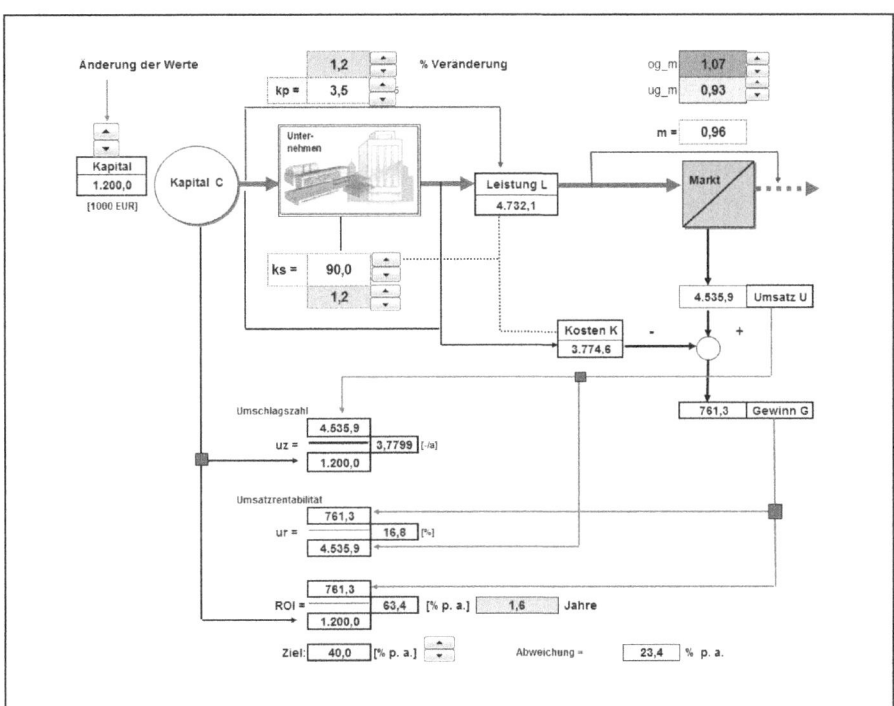

ROI-Simulationsmodell

Abb. 2.08: Excelbasiertes wirtschaftskybernetisches Simulationsmodell zum ROI-Kennzahlensystem

In diesem Modell können folgende Werte geändert werden:

Variationsmöglichkeiten

> ➢ Der Kapitaleinsatz **C**,
>
> ➢ die Kapitalproduktivität **kp**, einschließlich der Einstellung eines jährlichen Prozentsatzes der Verbesserung der Ausgangsgröße,
>
> ➢ der Kostensatz **ks**, einschließlich der Einstellung eines jährlichen Prozentsatzes der Verbesserung der Ausgangsgröße,
>
> ➢ der Faktor **m**, zu dem mit einer VBA-Prozedur *zufällige Werte* erzeugt werden, die die Unwägbarkeit im Absatzprozess nachbilden sollen.

Damit ist eine sehr anschauliche und praktible Lösung entstanden, die sowohl für die *Wissensvermittlung* zu Kennzahlensystemen (z. B. im "Controlling") als auch für *Planungsrechnungen* in der Wirtschaftspraxis von Interesse sein sollte.

■ Hierarchisches ROI-Simulationsmodell unter MS Excel

In der BWL- und Controlling-Literatur wird das ROI-Kennzahlensystem in der Regel auch als mehrgliedriger, hierarchisch geordneter Zusammenhang von absoluten und relativen Einzel-Kennzahlen mittels einfacher Grafiken dargestellt.[14]

Komplexeres ROI-Modell

Der Erkenntniswert derartiger Grafiken ist naturgemäß begrenzt, geht es doch lediglich darum, Zusammenhänge zwischen Einzel-Kennzahlen zu veranschaulichen.

Im Weiteren soll daher gezeigt werden, wie eine *excelbasierte, kybernetisch orientierte Modelldarstellung* einen *tieferen, zahlenmäßig untersetzten Einblick* in die Ursache-Wirkung-Zusammenhänge im ROI-Kennzahlensystem vermitteln kann.

Im Unterschied zur Darstellung des ROI-Kennzahlensystems als Du-Pont-Modell (siehe die Abb. 2.06 bis 2.08) wird jetzt der Versuch unternommen, den *Kern des gesamten betriebswirtschaftlichen Gefüges* eines Unternehmens in *drei Gruppen* von Kennzahlen und Kennzahlenbeziehungen in einem rechen- und simulationsfähigen Modell abzubilen.

a) Abbildung der Kosten-Preis-Umsatz- und Gewinnstruktur

Grundlage für diese Darstellung bildet das Konzept der *Deckungsbeitragsrechnung* mit folgenden Beziehungen:[15]

Einbeziehung der Deckungsbeitragsrechnung

- Produktbezogener Deckungsbeitrag **db** [EUR/ME]:

$$db_j = P_j - k_{v,j} \quad (1)$$

Es bedeuten:

P_j Verkaufspreis eines Produkts **j** (j = 1, 2, ..., n) [EUR/ME]

$k_{v,j}$ variable Stückkosten eines Produkts j [EUR/ME].

---

[14] Siehe zum Beispiel:
HUTZSCHENREUTER, Th.: Allgemeine Betriebswirtschaftslehre. Springer-Gabler Verlag, Wiesbaden 2015;
ZIEGENBEIN, K.: Controlling. Kiehl Verlag, Herne 2012.
[15] Siehe zum Beispiel:
DÄUMLER, K.-D./GRABE, J. : Kostenrechnung 2 - Deckungsbeitragsrechnung. NWB Verlag, Herne 2013.
von KÄNEL, S.: Kostenrechnung und Controlling. Haupt-Verlag, Bern 2008.

2. Wirtschaftskybernetische Modellbildung

Als variablen Stückkosten sind im Modell explizit die *Materialeinzelkosten* [EUR/ME] und die *Löhne* als Fertigungseinzelkosten [EUR/ME] zahlenmäßig anzugeben.

- Zu berechnender Umsatz **U** [EUR]

Die Umsatz **U** ist nach der Beziehung

$$U = \sum_{j=1}^{n} P_j * q_j \qquad (2)$$

Ermittlung der Umsatzgröße U

zu ermitteln, wobei mit q_j die tatsächliche oder die geplante *Absatzmenge* [ME] des Produkts **j** anzugeben ist.

- Anfallende Fixkosten K_f [EUR]

Als Fixkosten können in das Modell folgende Hauptkostenarten explizit einbezogen werden: *Fixe Personalkosten, Abschreibungen, Fremdkapitalzinsen sowie sonstige Fixkosten.*

- Gesamter Deckungsbeitrag **DB** [EUR]

Der gesamte Deckungsbeitrag **DB** ermittelt sich aus der Summe der produktbezogenen Deckungsbeiträge, multipliziert mit den jeweiligen Absatzmengen:

$$DB = \sum_{j=1}^{n} db_j * q_j \qquad (3)$$

Ermittlung des Deckungsbeitrags DB

- Gewinn **G** [EUR]

Der Gewinn **G** wird nach dem Konzept der Deckungsbeitragsrechnung als Differenz zwischen dem Deckungsbeitrag **DB** und den Fixkosten K_f ermittelt:

$$G = DB - K_f \qquad (4)$$

Ermittlung des Gewinns G

Dabei ist zu beachten, dass es bei der Ermittlung der Kennzahl ROI üblich ist, als Gewinn **G** den „Gewinn vor Zinsen" in die Berechnung einzubeziehen. Im hier skizzierten ROI-Modell wären somit die Fremdkapitalzinsen **Z** [EUR] – als Bestandteil der Fixkosten K_f – dem Gewinn nach Formel (4) wieder hinzuzurechnen.

Im Ergebnis all dieser Bestimmungen ergibt sich folgender Ausschnitt des gesamten ROI-Modells (mit Beispielzahlen, siehe **Abb. 2.09a**):

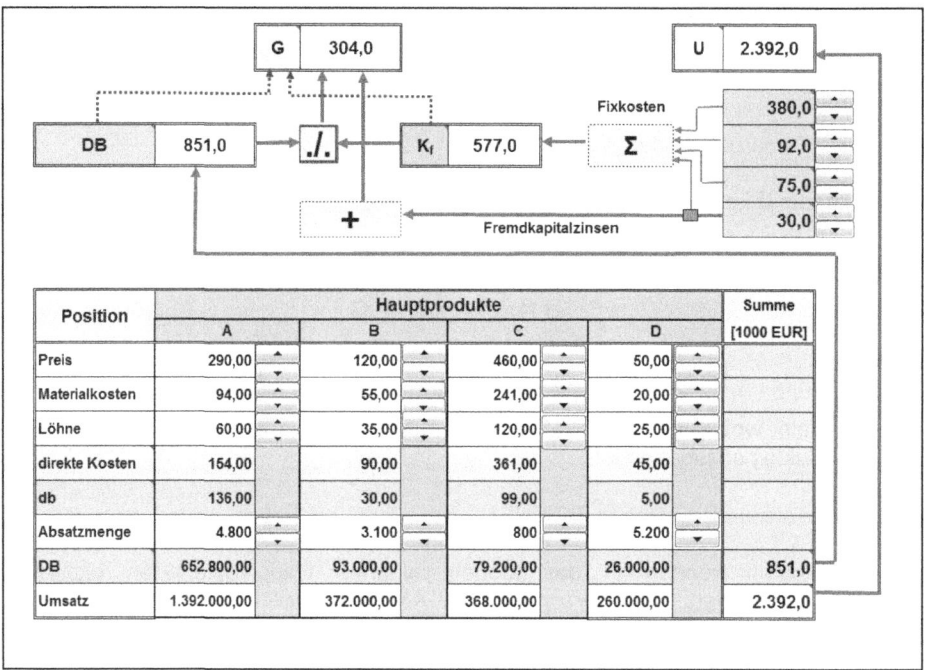

Abb. 2.09: Teilkomplex „Kosten-Preis-Umsatz-Gewinn-Struktur" im ROI-Modell

Wichtig: Bei allen Modellparametern können die Zahlwerte über „Drehfelder" zielgerichtet verändert werden. Darauf wird nachfolgend noch näher eingegangen.

b) Abbildung der Vermögens-Struktur

Als Datenbasis für die Einbeziehung der Vermögenspositionen in das ROI-Modell dient die *Bilanz* eines Unternehmens: Das *Vermögen* - in der Bilanz gleich dem Kapital **C** [EUR] - ergibt sich aus der Addition des Anlagevermögens **AV** und des Umlaufvemögens **UV**, wobei sich die Werte dieser Positionen aus der Addition der in **Abb. 2.10** angegebenen Unter-Positionen ergeben.

Bilanz-Daten als Grundlage

Falls die Bilanz des Unternehmens auf der Kapitalseite „*Erhaltene Anzahlungen*" ausweist, ist das Umlaufvermögen **UV** und diesen Betrag zu vermindern.

2. Wirtschaftskybernetische Modellbildung

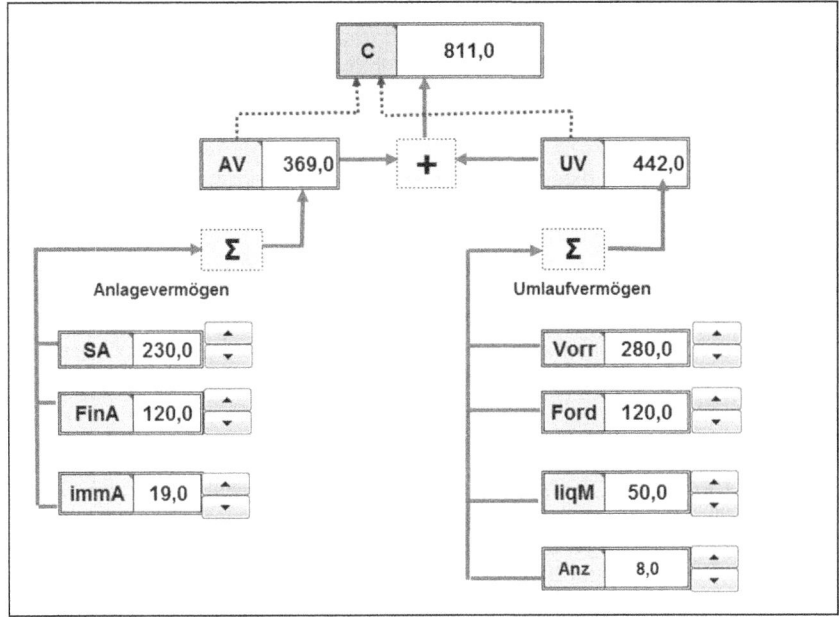

Zur Abbildung der Vermögensstruktur

Abb. 2.10: Teilkomplex „Vermögensstruktur" im ROI-Modell

c) Ermittlung der Kennzahl „ROI" und der Rückflussdauer „d"

Die Berechnung der Kennzahl „ROI" und der Rückflussdauer „d" wird gemäß dem Du-Pont-Schema vorgenomen (siehe **Abb. 2.11**):

Berechnung der Zielgrößen ROI und d

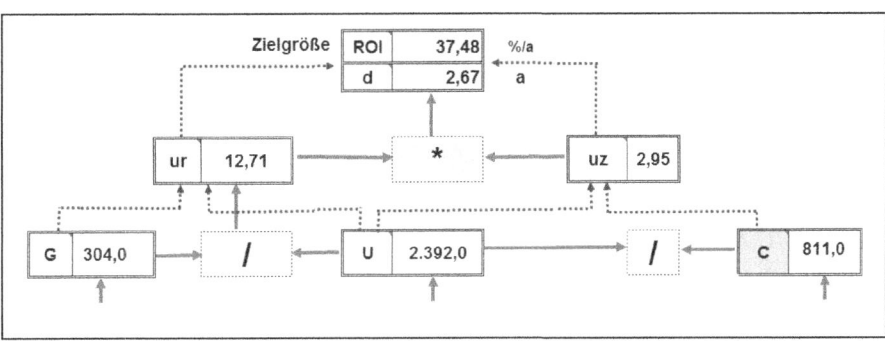

Abb. 2.11: Ermittlung der Zielgrößen im hierarchischen ROI-Modell

Hinweis:
Das komplette ROI-Modell ist in der Excel-Datei „04_*WiKyb_ROI_Hierarchie1.xlsm*" (im Online-Zusatzmaterial) enthalten.

Frage: Welcher Erkenntnisgewinn kann aus diesem excelbasierten Modell abgeleitet werden?

Als Antwort auf diese Frage kann zunächst darauf verwiesen werden, dass mit diesem Modell ganz wesentliche Zusammenhänge im betriebswirtschaftlichen Gefüge eines Unternehmens erfasst und in Bezug auf die Zielgröße „ROI" rechenfähig aufbereitet werden. Denn:

Die besondere Bedeutung dieser Modelldarstellung ist darin zu sehen, dass mit diesem Modell eine Möglichkeit geschaffen wird, verschiedene *Sensivitätsanalysen* durchführen zu können: Es ist nunmehr leicht, aufzuzeigen, wie die Zielgröße ROI mehr oder weniger "empfindlich" auf die Änderung des Wertes eines ausgewählten Modellparameter reagiert. In der Excel-Datei braucht man nur wahlweise über die eingebauten Steuerelemente ("Drehfelder") den Zahlwert eines der Steuer- bzw. Einflussgrößen ändern und sofort werden die Wirkungen auf die damit direkten und indirekten verbundenen weiteren Parameter bis hin zum ROI-Wert sichtbar.

Bedeutung von Sensivitätsanalysen

Im Rahmen des Controllings wäre es von besonderem Interesse, zu analysieren, wie sich der Kennzahl ROI über mehrere Zeitperioden entwickeln kann, wenn außer der möglichen Veränderungen aller Steuergrößen auch nicht steuerbare Konjunktureinflüsse (zufällige Schwankungen in Bezug auf die Marktrealisierung der erstellten Produkte) einzubezogen werden.

ROI-Simulationsmodell für mehrere Zeitperioden

Einen Lösungsansatz für diese spezielle Aufgabe wird mit der Excel-Datei „05_WiKyb_ROI_Hierarchie2.xlsm" (im Online-Zusatzmaterial) aufgezeigt.

Eine analoge Vorgehensweise kann nachfolgend bei einem weiteren wichtigen Kennzahlenmodell praktiziert werden.

2.2.3 Fallbeispiel 2 „Eigenkapitalrentabilität und Leverage-Effekt"

■ **Ökonomischer Sachzusammenhang**

Wenn Unternehmen ein größeres Investitionsvorhaben planen, stehen sie – in Bezug auf die Finanzierung des Vorhabens – immer vor der Aufgabe, zu entscheiden, wie das dafür benötigte Gesamtkapital (Symbol **C** [EUR]) – unter Beachtung des bereits bestehenden Verschuldungsgrades sowie der marktüblichen Zinsen für Fremdkapital – so in die Finanzierungskomponenten „Einsatz von *Eigenkapital*" (Symbol **EK** [EUR]) und "Aufnahme weiteren *Fremdkapitals*" (Symbol **FK** [EUR]) aufzuteilen ist, dass die Steuergröße „*Eigenkapitalrentabilität*" (Symbol **ekr** [% p. a.]) größtmöglichst wächst.

Finanzierung von Investitionen und Leverage-Effekt

Im Sinne der Finanzierungstheorie bedeutet dies, bei der Planung der finanziellen Absicherung des Vorhabens zu versuchen, den sog. *Leverage-Effekt* auszuschöpfen.

Unter diesem Effekt wird jene *Hebelwirkung* verstanden, die sich daraus ergibt, dass die Eigenkapitalrentabilität ekr [% p. a.] auch dann gesteigert werden kann, wenn der *Anteil der Fremdfinanzierung* des Unternehmens *zunimmt*. Voraussetzung für diese Wirkung ist, dass die *Gesamtkapitalrentabilität* (Symbol **gkr** [% p. a.]) größer ist als der Zinssatz für die Aufnahme von weiterem Fremdkapital (Symbol **i** [% p. a.]). Wie lässt sich das *formelmäßig* nachweisen?

2. Wirtschaftskybernetische Modellbildung

Die Kennzahl „*Eigenkapitalrentabilität*" wird nach folgender Beziehung berechnet:

$$ekr = \frac{G\ [EUR/a]}{dEK\ [EUR]} * 100\ [\%\ p.a.] \qquad (1)$$

Eigenkapitalrentabilität

Es bedeuten:

- **ekr** Eigenkapitalrentabilität [% p. a.],
- **G** Gewinn (nach Zinsen, Steuern) [EUR/a],
- **dEK** durchschnittlich (im Unternehmen) eingesetztes Eigenkapital [EUR].

Für die Berechnung der Kennzahl „*Gesamtkapitalrentabilität*" wird folgende Formel angewendet:

$$gkr = \frac{G\ [EUR/a] + Z\ [EUR/a]}{dC\ [EUR]} * 100\ [\%\ p.a.] \qquad (2)$$

Gesamtkapitalrentabilität

Es bedeuten:

- **gkr** Gesamtkapitalrentabilität [% p. a.],
- **G** Gewinn (nach Zinsen, Steuern) [EUR/a],
- **Z** Zinsen für aufgenommenes Fremdkapital [EUR],
- **dC** durchschnittlich eingesetztes Gesamtkapital [EUR].

Die Beziehung (2) wird nun nach der Größe **G** umgestellt. Wir erhalten dann Folgendes:

$$G = \frac{gkr * dC}{100} - Z\ [EUR/a] \qquad (3)$$

Setzt man für das Kapital **dC** die Summe aus Eigenkapital (**dEK**) und Fremdkapital (**dFK**) ein und berechnet man die Fremdkapitalzinsen **Z** aus dem Produkt von Fremdkapital **dFK** und dem Zinssatz **i** [% p. a.], dann erhält man in Weiterführung der Formel (1) für die Eigenkapitalrentabilität **ekr** das folgende Zwischenergebnis:

$$ekr = \frac{gkr * dEK + gkr * dFK - i * dFK}{dEK}\ [\%\ p.a.] \qquad (4)$$

Daraus leitet sich dann die sog. *Leverage-Formel* ab:[16]

$$ekr = gkr + (gkr - i) * \frac{dFK}{dEK}\ [\%\ p.a.] \qquad (5)$$

Leverage-Formel

---

[16] Siehe hierzu zum Beispiel:
OLFERT, K.: Finanzierung. Kiehl Verlag. Herne 2017.
PERRIDON, L.. u. a.: Finanzwirtschaft der Unternehmung, Verlag Vahlen, München 2016.

In Worten: Die Eigenkapitalrentabilität **ekr** [% p. a.] ist gleich der Gesamtkapitalrentabilität **gkr** [% p. a.], zuzüglich eines Betrages, der sich aus der Multiplikation der Differenz zwischen Gesamtkapitalrentabilität **gkr** [% p.a.] und dem Zinssatz **i** [% p. a.] mit dem Verhältnis von durchschnittlichem Fremdkapital (**dFK**) zu durchschnittlichem Eigenkapital (**dEK**) ergibt.

Interpretation der Leverage-Formel

Dies bedeutet: Der über die Gesamtkapitalrentabilität **gkr** hinausgehende, die Eigenkapitalrentabilität **ekr** verändernde Betrag wirkt nur dann positiv, wenn der Zinssatz **i** für die Aufnahme von Fremdkapital kleiner ist als die Gesamtkapitalrentabilität **gkr**!

Wie soll man nun mit der Leverage-Formel umgehen? Zahlen einsetzen und mit diesen Zahlen den Wert für die Größe **ekr** berechnen? Alles gut und schön, aber es bleiben auch in diesem Fallbeispiel einige Fragen offen:

Offene Fragen

> - Was können – bei einer tiefergehenden Betrachtung – *unternehmensinterne Steuergrößen* sein, von deren Werten die Zielgröße **ekr** direkt beeinflusst werden kann?
> - Welche *externen Einflussgrößen* bestimmen den Wert der Zielgröße **ekr**?
> - Wie lassen sich die *Unwägbarkeiten des Marktes* in die Berechnung der Zielgröße **ekr** einbeziehen?
> - Wie kann schnell und anschaulich sichtbar gemacht werden, bei welcher Parameter-Konstellation die positive Wirkung einer Zunahme von Fremdkapital in eine negative Wirkung umschlägt? U. a. m.

Eine Antwort auf diese Fragen kann wiederum nur eine *wirtschaftskybernetische Modelldarstellung* der in die Leverage-Formel eingehenden Größen liefern.

■ Systematisierung und Bestimmung der Modellparameter

Zunächst gilt es, eine Übersicht über die in ein Leverage-Simulationsmodell einzubeziehenden Parameter zu erstellen, wobei es sinnvoll ist, eine Gruppierung dieser Größen entsprechend ihrer Rolle im Modell vorzunehmen.

Einbezogene Modellparameter: Übersicht

Gruppe 1: Zu steuernde Zielgröße

Die zu steuernde Zielgröße ist im hier betrachteten Fall die *Eigenkapitalrentabilität* **ekr** [% p. a.].

Zielgröße

Gruppe 2: Unternehmensinterne Steuergrößen

Als unterinterne Steuergrößen sind solche Parameter einzubeziehen, deren Werte durch das Steuerorgan (hier: Management des Unternehmens) eigenständig verändert oder zumindest in gewissen Grenzen variiert werden können, um die Zielgröße **ekr** zu beeinflussen. Als derartige Größen kommen in diesem Fallbeispiel in Betracht:

(a) Eine Größe **a** [%], die die Entscheidung repräsentiert, welcher Anteil am gesamten Investitionsvolumen (= Kapital **C**) durch Eigenkapital (**EK**) finanziert

*Anteil Eigenkapital **a***

2. Wirtschaftskybernetische Modellbildung

werden soll. <u>Anmerkung</u>: Eine Änderung des Absolutwertes der Ausgangsgröße **C** hat - wie Modellrechnungen zeigen – keinen Einfluß auf die Zielgöße **ekr**!

(b) Eine Größe **kp** [EUR/EUR], die als *Kapitalproduktivität* des eingesetzten Kapitals **C** einen spezifischen *Wirkungsgrad* im Unternehmensprozess repräsentiert, indem aufgezeigt wird, welche Leistung **L** [EUR/a] erzielt werden kann, wenn ein Kapitaleinsatz in Höhe der Größe **C** [EUR] erfolgt.[17]

Kapitalproduktivität **kp**

(c) Eine Größe **ks** [EUR/100 EUR] im Sinne eines *Kostensatzes*. Auch diese Größe repräsentiert einen *Wirkungsgrad* im Unternehmensprozess, indem angegeben wird, welchen Anteil die Selbstkosten [EUR] in einer Leistungsgröße von 100 EUR haben.

Kostensatz **ks**

<u>Gruppe 3</u>: Externe Einflussgrößen

Folgende *externe Einflussgrößen* müssen in das zu erstellende Leverage-Modell einbezogen werden:

(a) Ein *Zinssatz* **i** [% p. a.], der das marktübliche Zinsniveau für die Aufnahme von Fremdkapital repräsentiert.

Zinssatz **i**

(b) Ein Steuersatz **st** [%], der das Niveau der Besteuerung eines erwirtschafteten Gewinns **G** [EUR] – entsprechend den staatlichen Vorschriften – repräsentiert.

Steuersatz **st**

Beide Größen sollen im Modell in bestimmten Grenzen variierbar sein, um den Einfluss dieser Größen auf die Zielgröße **ekr** sichtbar zu machen, und zwar im Sinne "*Was wäre, wenn …*".

<u>Gruppe 4</u>: Zufallsbedingte externe Einflussgrößen (Störgrößen)

Als zufallsbedingte externe Störgröße wird wiederum eine Größe **m** [-] - im Sinne eines Faktors "Marktrealisierung" - in das Modell einbezogen. Dieser Faktor soll angeben, wie eine vom Unternehmen erstellte Leistung auf Zielmärkten in realisierte Umsätze **U** gewandelt wird. Als Standardwert wird hier stets der Wert **m** = 1,0 angesetzt.
Im excelbasierten Leverage-Modell können - unter Zuhilfenahme von Zufallszahlen – aber auch **m**-Werte ungleich 1,0 simuliert werden. Auf diese Weise kann sichtbar gemacht werden, dass nicht jedes Umsatzgeschäft wie geplant realisiert wird, denn auf dem Markt herrschen eigene Gesetze.

Störgröße Marktrealisierung

■ **Wirtschaftskybernetische Modelldarstellung (Signalflussdiagramm)**

In einem ersten Teil der Modelldarstellung soll veranschaulicht werden, welcher Zusammenhang zwischen dem Kapital **C** und dessen Aufteilung in Eigenkapital **EK** und in Fremdkapital **FK**, der Kapitalproduktivität **kp**, der Leistung **L** und dem Umsatz **U** (unter dem Einfluss einer „Marktrealisierung", Faktor **m**) besteht (siehe **Abb. 2.12a**).

Erstellen des kybernetischen Leverage-Modells

---

[17] Siehe auch die diesbezüglichen Erläuterungen Im Fallbeispiel 1 (Du-Pont-Kennzahlensystem).

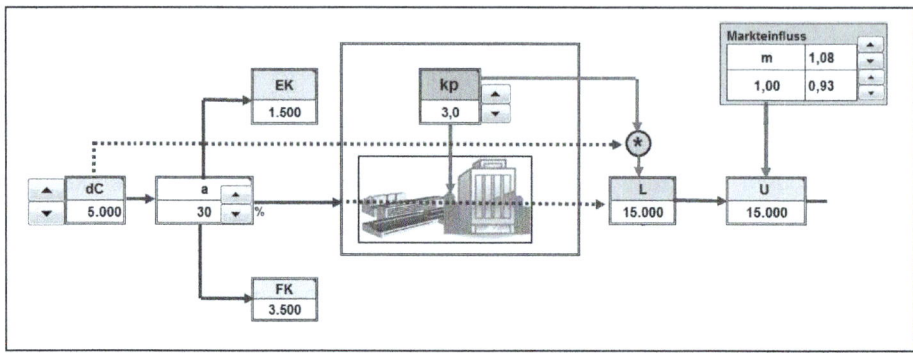

Abb. 2.12a: Ausschnitt 1 aus dem Gesamtmodell „Eigenkapitalrentabilität und Leverage-Effekt"

Im Weiteren soll nun gezeigt werden, in welchen Schritten und über welche Kenzahlenverknüpfungen der Gewinn **G** ermittelt werden kann. Dabei wird zwischen einem Gewinn G_0 (= *Gewinn vor Zinsen und Steuern* als Differenz zwischen dem Umsatz **U** und den über einen Kostensatz **ks** berechneten Selbstkosten SK_0) und einem Gewinn G_1 (als *Gewinn nach Zinsen*, aber *vor Steuern*) unterschieden (siehe **Abb. 2.12b**).

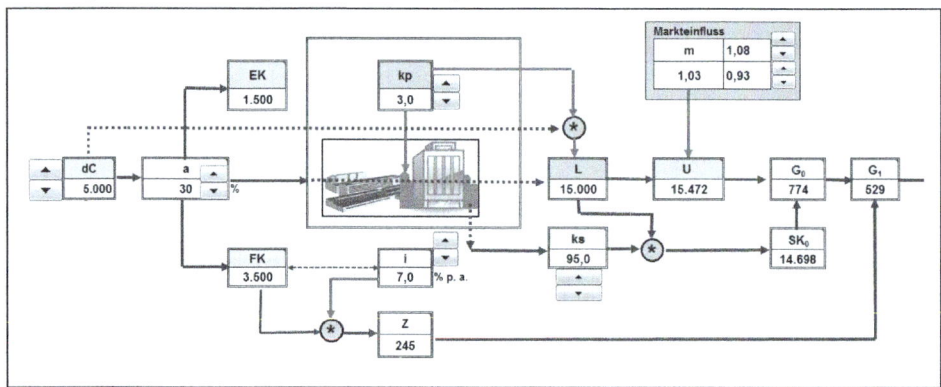

Abb. 2.12b: Ausschnitt 2 aus dem Gesamtmodell „Eigenkapitalrentabilität und Leverage-Effekt"

Es verbleibt nun noch, den Einfluss von *Gewinnsteuern* (staatliche Einflussnahme über einen Steuersatz **st** [%]) sichtbar zu machen und die Berechnung der Eigenkapitalrentabilität **ekr** [% p. a.) und der Gesamtkapitalrentabilität **gkr** [% p. a.] einzuordnen.

Die nachstehende Darstellung in **Abb. 2.12c** zeigt nun das komplette Signalflussdiagramm zum excelbasierten Modell der Ermittlung der Eigenkapitalrentabilität unter expliziter Steuerung des Leverage-Effekts (Datei „05_*WiKyb_Leverage1.xlsm*" im Online-Zusatzmaterial).

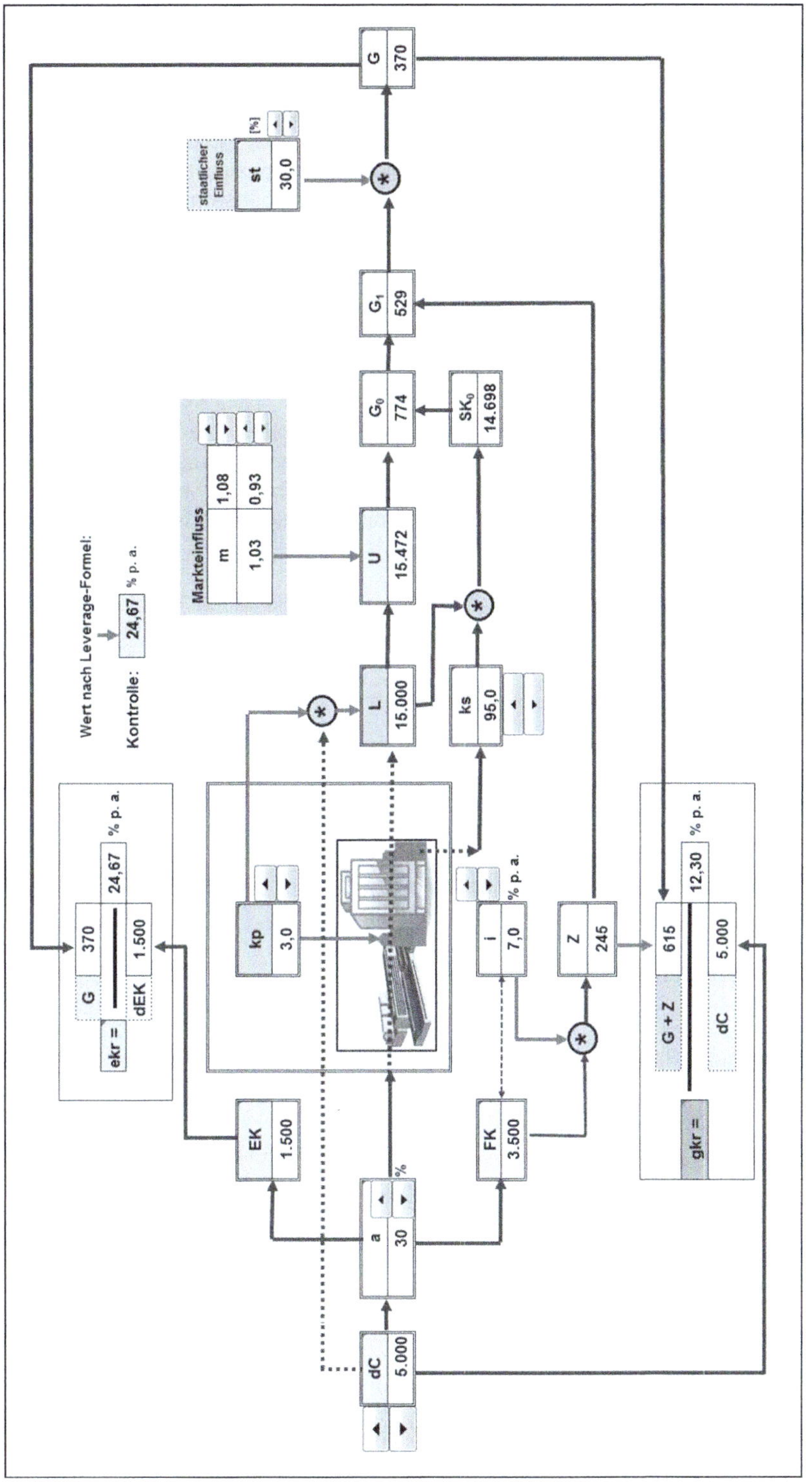

2. Wirtschaftskybernetische Modellbildung

Gesamtdarstellung des excel-basierten Leverage-Modells

Abb. 2.12c: Wirtschaftskybernetisches Simulationsmodell zum "Leverage-Effekt"

Dieses Modell ermöglicht es dem Nutzer, *Sensivitätsanalysen* durchzuführen und die Wirkung des *Leverage-Effekts* qualitativ und quantitativ aufzuzeigen.

Durchführung von Sensivitätsanalyse

So kann beispielsweise sichtbar gemacht werden, dass - bezogen auf die in Abb. 2.12c angezeigten Zahlwerte – die alleinige Änderung des Zinssatzes **i** auf einen Wert **i > 7,0** % p. a. dazu führt, dass die Eigenkapitalrentabilität **ekr** sinkt, während Werte für **i** mit **i < 7,0** % p. a. zu einer Verbesserung der **ekr**-Werte führen. Analoge Effekte lassen sich beispielsweise erreichen, wenn die Werte für den Kostensatz **ks** oder den Steuersatz **st** gesenkt werden.

2.2.4 Fallbeispiel 3 „WACC-Modell"

■ **Ökonomischer Sachzusammenhang**

Für die Steuerung der Unternehmensentwicklung gewinnt das Ziel "*Steigerung des Eigenkapitalwertes*" immer mehr an Bedeutung. Darauf muss sich auch das *Unternehmens-Controlling* einstellen, und zwar nicht nur bei kapitalmarktorientierten Unternehmen, sondern auch bei nicht börsennotierten Unternehmen des Mittelstandes.

Ziel: Steigerung des Eigenkapitalwertes

Die Praxis zeigt: Investoren stellen nur dann finanzielle Mittel für Unternehmen bereit, wenn in absehbarer Zeit eine Rendite erwartet werden kann, die mindestens der Rendite entspricht, die mit einer alternativen Finanzanlage erreicht werden kann.

Über die Ermittlung eines *Kapitalkostensatzes* (*Cost of capital*) wird somit versucht, diesen *Mindestverzinsungsanspruch* deutlich zu machen und in das Controlling einer wertorientierten Unternehmenssteuerung einfließen zu lassen.

Der Kapitalkostensatz wird dabei als gewichteter Gesamtkapitalkostensatz *WACC* (*Weighted Average Cost of Capital*) bestimmt, so dass die Renditeforderungen aller Gruppen von Kapitalgebern Berücksichtigung finden. [18]

■ **Grundmodell und Berechnungen**

Die Darstellung in **Abb. 2.13** zeigt den Grundaufbau des WACC-Modells, zunächst im qualitativen Zusammenhang der einzelnen Modellparameter.

---

[18] Siehe auch: WIEHLE, U. u. a.: 100 IFRS Kennzahlen. Cometis AG, Wiesbaden 2005..
LEUCHTGENS, Ph.: Vor- und Nachteile des Weighted Average Cost of Capital-Verfahrens. GRIN-Verlag 2013.
AHLEMEYER, N./BURGER, A.: Wertorientiertes Controlling: Konzepte und Fallstudien. UTB Verlag, 2015.

2. Wirtschaftskybernetische Modellbildung

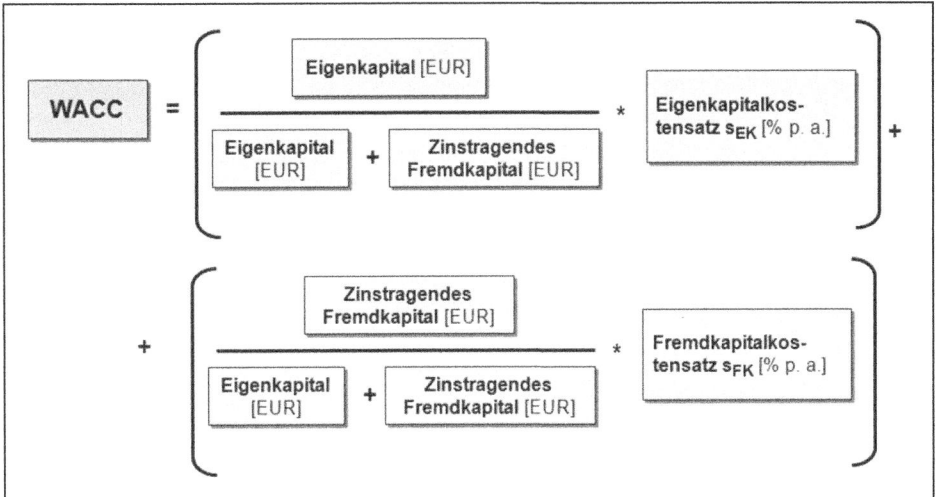

Abb. 2.13: WACC-Modell (Grundaufbau)

Um dieses Schema zu einem rechenfähigen kybernetischen Simulationsmodell umzuformen, muss zunächst angegeben werden, wie die einzelnen Modellparameter zu berechnen sind. Beginnen wir mit dem Parameter *„Eigenkapitalkostensatz"*.

a) Eigenkapitalkostensatz s_{EK}

Der Einsatz von *Eigenkapitel* (Symbol **EK** [EUR]) im Unternehmensprozess verursacht i. d. R. keine direkten Kosten. Um dennoch die Kapitalbindung der durch Eigenkapital finanzierten Vermögenswerte kalkulatorisch zu bewerten, wird ein *Eigenkapitalkostensatz* (*Cost rate of equity*) bestimmt, der zum Ausdruck bringt, welche *Mindestrendite* erzielt worden wäre, wenn mit gleichem Kapital andere Investitionen getätigt worden wären. Dazu folgender Ansatz:[19]

$$s_{EK} = i + (i_M - i_{rf}) * \beta \qquad (1)$$

Es bedeuten:

s_{EK} Eigenkapitalkostensatz [% p. a.],

i risikofreier Zinssatz [% p. a.],

i_M Marktrendite [% p. a.],

i_{rf} risikofreier Zinssatz [% p. a.]

β Faktor, der die Schwankungsintensität einer Aktie repräsentiert [-].

---

[19] Vgl. ebenda.

Bezugsbasis für den risikofreien Zinssatz i_{rf} [% p. a.] ist i. d. R. der Ertragszinssatz bei langfristigen Staatsanleihen.

Der Ausdruck "(Marktrendite i_M ./. risikofreier Zinssatz i_{rf}) * β" wird auch als *Marktrisikoprämie* r [% p. a.] bezeichnet.

Diese Größe soll die erwartete Zusatzrendite repräsentieren, die durch Investitionen in andere Anlageformen, z. B. in Aktien, zu erzielen wäre.

Der Faktor **β** repräsentiert die Schwankungsintensität (= Volatilität) einer Aktie zu einem Index während eines Zeitraums von - beispielsweise - 200 Tagen in der Vergangenheit. Liegt der Faktor **β** zum Beispiel bei 0,9, dann bedeutet dies, das sich der Wert der Aktie im betrachteten Zeitraum um 9 % erhöht, sofern der Index um 10 % steigt.

Erläuterungen zu Modellparametern

b) Fremdkapitalkostensatz s_{FK}

Ausgangspunkt für die Bestimmung eines *Fremdkapitalkostensatzes* s_{FK} [% p. a.] ist wiederum der risikofreie Zinssatz i_{rf} [% p. a.], bezogen auf die Rendite aus langfristigen Staatsanleihen.

Hinzu kommt ein *Risikozuschlag* r [% p. a.] für Unternehmensanleihen (*Corporate bond spread*), der aus dem Rating des betreffenden Unternehmens ableitet wird und der sich in Abhängigkeit vom Marktumfeld täglich ändert:

$$s_{FK} = (i_{rf} + r) * (1 - s) \qquad (2)$$

Berechnung des Fremdkapitalkostensatzes

Es bedeuten:

s_{FK} Fremdkapitalkostensatzi [% p. a.],
i_{rf} risikofreier Zinssatz [% p. a.],
r Risikozuschlag [% p. a.],
s Steuerquote [%].

Da sich Fremdkapitalkosten (gem. steuerrechtlichen Vorschriften) *steuermindernd* auswirken, muss dies entsprechend durch den Faktor **(1 − s)** berücksichtigt werden.

Die Steuerquote **s** wird dabei in der Regel nach der Beziehung

$$s = \frac{\text{Ertragsteuern [EUR]}}{\text{EBIT [EUR]}} \qquad (3)$$

Berechnung der Steuerquote

ermittelt. Die Kennzahl **EBIT** ist der „Unternehmensgewinn vor Zinsen und Steuern" (EBIT = *Earnings Before Interests and Taxes*).

Soweit zu den Grundlagen und Berechnungen im WACC-Kennzahlensystem.

Anliegen und Ziel einer kybernetischen Umsetzung dieses Kennzahlensystems in ein Simulationsmodell sind zunächst darin zu sehen, die skizzerten Zusam-

2. Wirtschaftskybernetische Modellbildung

menhänge der Modellparameter in einem *Signalflussdiagramm* transparenter zu gestalten (siehe **Abb. 2.**14 sowie Datei „*06_WiKyb_WACC1.xlsm*").

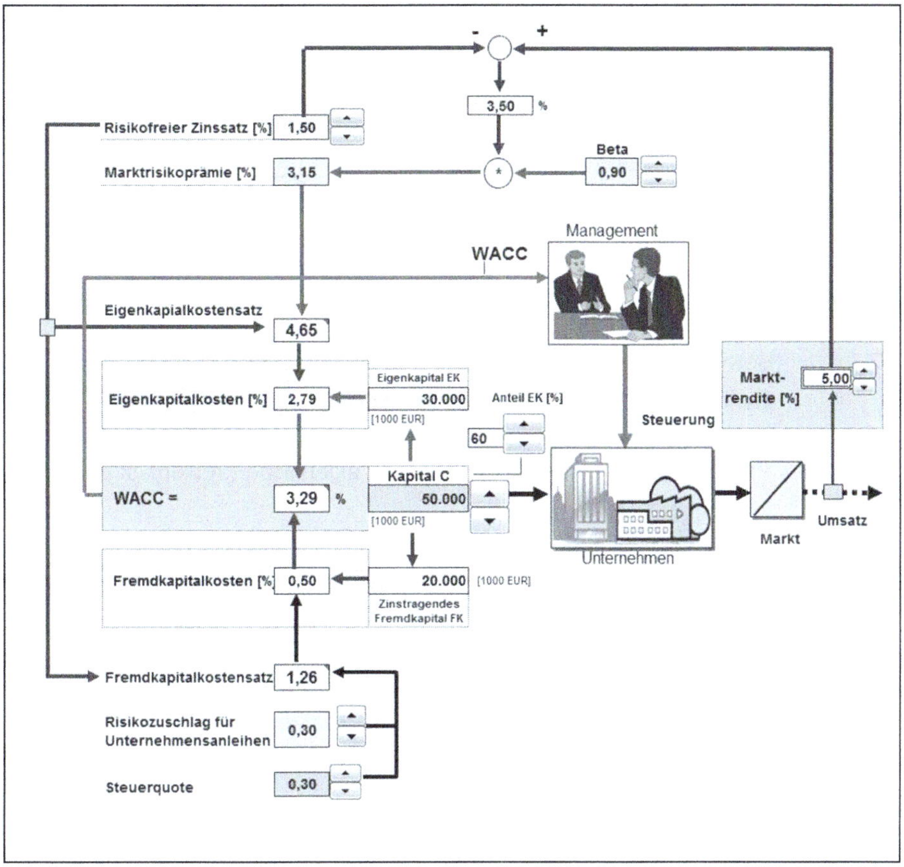

Abb. 2.14: Signalflussdiagramm zum WACC-Kennzahlensystem

Dieses Signalflussdiagrarrm kann unter MS Excel derart ausgestaltet werden, dass wiederum "*Was-wäre-wenn ...*" - Rechnungen und entsprechende *Sensivitätsanalysen* durchgeführt werden können.

2.2.5 Fallbeispiel 4 „Ertragswert-Modell"

■ **Begriff und Berechnungsformel**

Im Rahmen von *Sicherheitsbewertungen* spielt der sog. *Ertragswert* **EW** als *Beleihungswert* eines zu finanzierenden Beleihungsobjekts eine gewichtige Rolle.

Beleihungsobjekte sind zum Beispiel Gewerbe-Immobilien, Miethäuser oder Investitionsvorhaben, die jährlich unterschiedliche Erträge generieren.

Als *Ertragswert* **EW** [EUR] wird in diesem Zusmmenhang die Summe der abgezinsten künftigen, nachhaltig erzielbaren und marktüblichen Erträge bezeichnet, die aus dem betreffenden Objekt generiert werden können.[20]

Begriff des Ertragswertes EW

Die Berechnungsformel für die Größe **EW** lautet:

$$EW = \frac{G_1}{(1+i)^1} + \frac{G_2}{(1+i)^2} + \ldots + \frac{G_n}{(1+i)^n} \quad (1)$$

Es bedeuten:

EW	Ertragswert [EUR],
G$_k$	Gewinn (Ertrag) [EUR/a] im Jahr k (k = 1, 2, …, n),
i	marktüblicher Kapitalisierungszinssatz [% p. a.].

Selbst wenn nun Daten für die Größen **G$_k$** und **i** vorliegen, bereitet die Berechnung des Ertragswertes **EW** schon einigen Aufwand. Das eigentliche Problem ist jedoch ein Anderes:

Es muss wiederum sichtbar gemacht werden, welches die *eigentlichen Steuer- und Einflussgrößen* im Unternehmensprozess sind, von denen die **G$_k$**-Werte abhängen, wobei auch die *Art der Finanzierung* (Einsatz von Eigen- und Fremdkapital) aufgezeigt werden sollte.

Um dies aufzuklären, wird wiederum eine *wirtschaftskybernetische Modelldarstellung* angestrebt, die zudem geeignet ist, eine *Zeitfolge-Simulation* über **n** Jahre bei schwankenden Werten des Zinssatzes **i** auszuführen und auszuwerten.

■ **EW-Modell als Signalflussdiagramm**

Anliegen und Ziel der Modellentwicklung in diesem Fallbeispiel ist es, all jene Ursache-Wirkung-Zusammenhänge qualitativ und quantitativ zu erfassen, die Folgendes sichtbar machen:

Anliegen und Ziel der Modellbildung zum Ertragswert

> Einfluss des betreffenden *Kapitaleinsatzes* und dessen leistungsorientierter *Produktivität* sowie der *Kostenintensität* der Leistungserstellung auf die Outputgrößen *Leistung*, *Umsatzerlöse*, EBIT, Gewinn u. a.

> Entwicklung des Ertragswertes **EW** des betreffenden Objekts (hier ein Unternehmen).

Die Darstellung in **Abb. 2.15** zeigt eine möglich Umsetzung dieses Anliegens in einem Blockschatbild (Signalflussdiagramm mit Beispiel-Daten).

---

[20] Siehe hierzu zum Beispiel:
MANNEK, W.: Profi-Handbuch Wertermittlung von Immobilien: Vergleichswert, Ertragswert, Sachwert. Walhalla Verlag, Regensburg 2018.
HEESEN, B.: Basiswissen Unternehmensbewertung: Springer-Gabler Verlag, Wiesbaden 2019.

2. Wirtschaftskybernetische Modellbildung

EW-Modell-Struktur

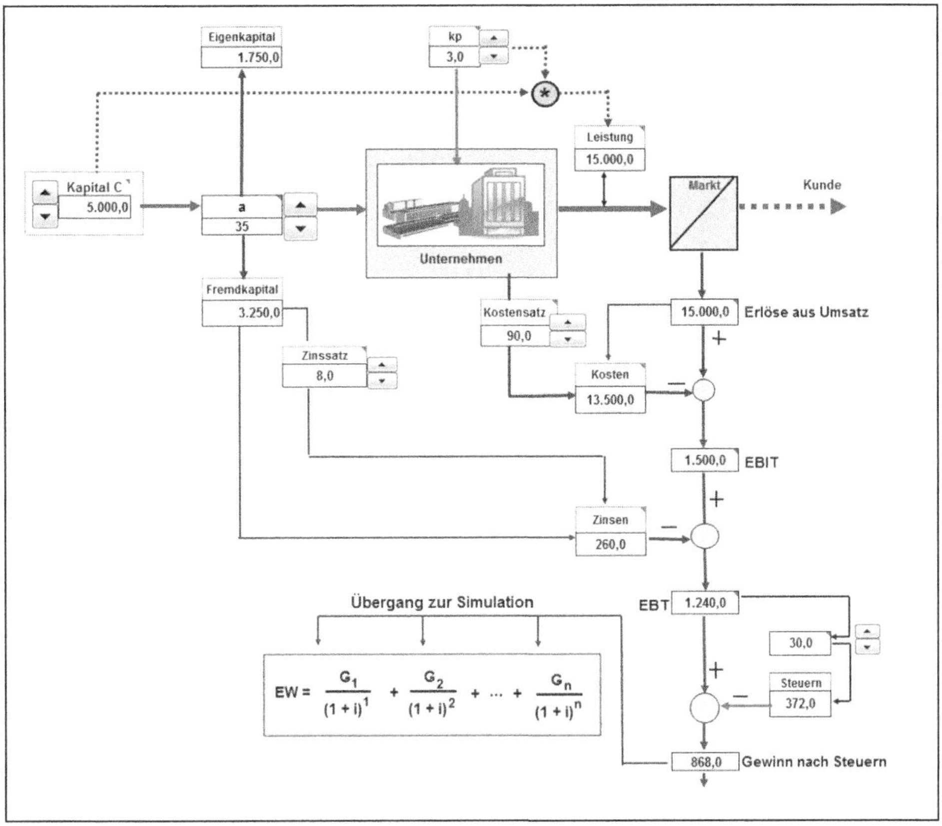

Abb. 2.15: Blockschaltbild zur Ertragswert-Ermittlung

Dieses Modell kann als Grundlage für eine *zeitdiskrete Simulation* der abgebildeten Zusammenhänge über mehrere Geschäftsjahre genutzt werden.

Zu diesem Zweck werden mit Hilfe der in Excel zugänglichen Programmiersprache "VBA" (*Visual Basic for Application*) entsprechende *Prozeduren* als *Makro's* erstellt, die dann mit den „Drehfeldern" bzw. „Schaltflächen" verknüpft werden.

Für die Einflußgröße „*Zinssatz* i [% p. a.] wird mit Hilfe von Zufallszahlen schwankende Realisierungen innerhalb von veränderbaren Grenzen erzeugt.

Die Darstellung in **Abb. 2.16** zeigt den Aufbau der Simulationstabelle mit Beispiel-Daten. In einer weiteren Tabelle wird die sich so ergebende Entwicklung der Kennzahlen „Umsatzerlöse", „EBIT" und „Ertragswert EW" in Diagrammen veranschaulicht (siehe Datei „*07_WiKyb_Ertragswert1.xlsm*" im Online-Zusatzmaterial).

Simulations-
tabelle

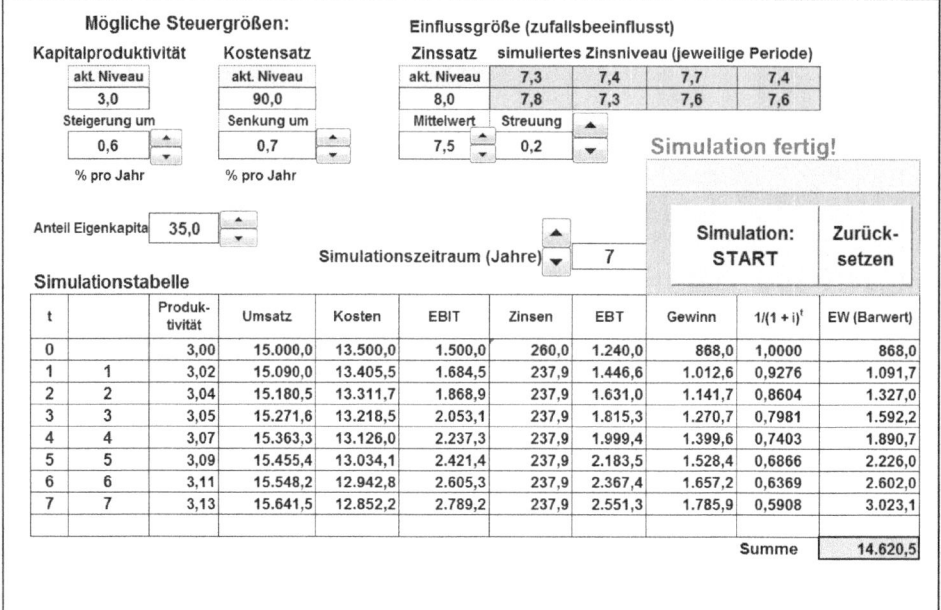

Abb. 2.16: Aufbau der Simulationstabelle zum Ertragswert-Modell

Der Aufbau dieser Simulationstabelle wurde so gestaltet, dass es möglich ist, verschiedene „Szenarien" über die Veränderung der Grundeinstellungen der Modellparameter „durchzuspielen" und auszuwerten.

Durchspielen verschiedener Szenarien

Soweit zu den Fallbeispielen einer kybernetisch orientieren Modelldarstellung von typischen Kennzahlensystemen.

Im Weiteren werden nun einige andere betriebswirtschaftliche Sachverhalte im Hinblick auf die Nutzanwendung der kybernetischen Herangehensweise an die Erarbeitung excelbasierter simulationsfähiger Modelle untersucht und erörtert.

2.3 Kybernetische Modelle zu Unternehmensprozessen

2.3.1 Input-Output-Modell zum Betriebsprozess

■ **Problemstellung**

Industrie-Unternehmen sind Wirtschaftseinheiten, die in der Regel ihren potentiellen Kunden auf definieren Zielmärkten eine mehr oder weniger breite Palette an Produkten anbieten.

Das *betriebswirtschaftliche Ziel* der Unternehmen besteht dabei darin, über den Verkauf der erstellten Produkte solche *Umsatzerlöse* zu erzielen, mit denen nicht nur die angefallenen *Kosten* der Erstellung der Produkte gedeckt werden können, sondern die darüber hinaus einen *Überschuss* - als *Gewinn* – sichern, der eine

2. Wirtschaftskybernetische Modellbildung

Grundvoraussetzung für das Bestehen des betreffenden Unternehmens im marktwirtschaftlichen Leistungs- und Preiswettbewerb bildet.

Die Frage, die nun im Weiteren erörtert werden soll, besteht im Folgenden:

Wie lässt sich der betriebswirtschaftliche Zusammenhang zwischen

> *Interessierende betriebswirtschaftliche Zusammenhänge*

- ➢ *dem erforderlichen Ressourceneinsatz* und den *tatsächlich verfügbaren* Ressourcen (Material, Arbeitszeit u. a.),
- ➢ dem *Produktivitäts- und Intensitätsniveau* im Prozess der Leistungserstellung,
- ➢ den *Selbstkosten* und auf dieser Basis kalkulierten *Verkaufspreisen* sowie
- ➢ den im Absatzprozess auf *Zielmärkten* erzielten *Preisen* bzw. *Erlösen*

so erfassen, dass auf dieser Grundlage sowohl Vorwärts- als auch Rückwärtsrechnungen bis hin zum Gewinn durchgeführt werden können?

Das Finden einer Antwort auf diese Frage führt wiederum zu einem *kybernetischen Modellansatz* für ein *Mehrgrößen-Input-Output-System*, verbunden mit der Nutzung der Funktionen, die MS Excel für die notwendige *Matrizen- und Vektorrechnung* bereitstellt.

Dies soll nachfolgend anhand eines fiktiven Fallbeispiels demonstriert werden.

■ Sachverhalte in einem fiktiven Beispiel-Unternehmen

Das (fiktive) Industrie-Unternehmen **Y-AG** hat sich in seinem Geschäftsbetrieb auf die Herstellung der 4 Haupterzeugnisse E_1, E_2, E_3 und E_4 konzentriert.

> *Untersuchtes Fallbeispiel*

Das Unternehmen geht zunächst davon aus, dass die für den Absatz auf Zielmärkten geplanten Absatzmengen q_1, q_2, q_3 und q_4 [ME] auch zu den kalkulierten Preisen p_1, p_2, p_3 und p_4 [EUR/ME] verkauft werden können.

Dazu folgende Beispiel-Daten:

Tab. 2.3.1

Erzeugnis	Absatzmengen [ME]	Preise [EUR/ME]
Erzeugnis E_1	90	3.495,00
Erzeugnis E_2	80	2.996,00
Erzeugnis E_3	120	1.995,00
Erzeugnis E_4	135	3.460,00

> *Absatzmengen und Preise*

Alle vier Erzeugnisse durchlaufen im Betriebsprozess die Fertigungsbereiche F_1, F_2, F_3 und F_4. Bekannt ist der technologisch bestimmte *Arbeitszeitaufwand* der Erzeugnisse in jedem der vier Fertigungsbereiche (Angabe in Min./ME des jeweiligen Erzeugnisses). Folgende Daten liegen hierzu vor:

2. Wirtschaftskybernetische Modellierung

Tab. 2.3.2:

Fertigungs-bereich	Arbeitszeitaufwand [Min./ME]				Lohnkosten [EUR/h]
	Erz. E_1	Erz. E_2	Erz. E_3	Erz. E_4	
F_1	150	180	240	180	40,00
F_2	240	120	120	240	45,00
F_3	120	240	180	240	50,00
F_4	240	120	180	240	57,00

Der sich aus dem Produktionsplan - mit Bezugnahme auf den Arbeitszeitaufwand je ME - *ergebende* Gesamtarbeitszeitaufwand sei – so die Annahme - in jedem Fertigungsbereich *kapazitätsseitig abgesichert*. Die je Arbeitsstunde im jeweiligen Fertigungsbereich anfallenden *Lohnkosten* [EUR/h] sind gleichfalls bekannt (siehe Tab. 2.3.2).

Für die Herstellung der vier Produkte werden ferner jeweils vier Materialien (M_1, M_2, M_3 und M_4) benötigt. Die Daten für die technologisch bestimmte Materialintensität [ME Material M_j je Einheit eines Erzeugnisses E_k) seien gegeben.

Das Unternehmen geht weiterhin davon aus, dass die vier Materialien zu bekannten *Ressourcenpreisen* r_1, r_2, r_3 und r_4 [EUR/ME] in den zu ermittelnden Faktormengen beschafft und ohne Probleme bereitgestellt werden können.

Folgende Beispieldaten liegen hierzu vor:

Tab. 2.3.3:

Materialart	Materialverbrauch [ME/ME]				Ressourcen-preise [EUR/ME]
	Erz. E_1	Erz. E_2	Erz. E_3	Erz. E_4	
M_1	10,0	10,0	10,0	8,0	40,00
M_2	12,0	15,0	8,0	8,0	35,00
M_3	15,0	12,0	5,0	6,0	25,00
M_4	15,0	15,0	8,0	10,0	24,00

Außer den Fertigungs- und Materialeinzelkosten fallen weitere *indirekt* zu verrechnende Aufwendungen an, die als Gemeinkosten zu bestimmen sind.

Dies betrifft im Einzelnen:

> *Fertigungsgemeinkosten* (Gehälter für Meister u. a., fixe Energie- und Raumkosten u. a.),
> *Materialgemeinkosten* (Personalaufwendungen im Beschaffungsbereich, Bestellkosten, Lagerkosten u. a.),
> *Verwaltungsgemeinkosten* (Personalaufwendungen u. a. im Management- und Verwaltungsbereich) sowie
> *Vertriebsgemeinkosten* (Personalaufwendungen im Vertrieb, Marketingkosten u. a.).

Für die Zurechnung dieser Kosten werden folgende *Zuschlagssätze* **zs** [%] genutzt:

2. Wirtschaftskybernetische Modellbildung

Tab. 2.3.4:

Position	zs [%]
Zuschlagssatz für Fertigungsgemeinkosten:	85,0
Zuschlagssatz für Materialgemeinkosten:	4,0
Zuschlagssatz für Verwaltungsgemeinkosten:	9,0
Zuschlagssatz für Vertriebsgemeinkosten:	4,0

■ **Ermittlung der Kosten K, der Leistung L und der Wertschöpfung W**

Die **Aufgabe** bestehe in einem ersten Teil darin, ein rechenfähiges Modell zu erarbeiten, das es erlaubt, mit den hier angegebenen Daten zum Betriebsprozess des Unternehmens zunächst folgende Größen zu ermitteln:

> Kosten, Leistung, Wertschöpfung

- die *Leistung* **L** als Output des Betriebsprozesses,
- die durch die Ausbringung der Leistung **L** verursachten *Kosten* **K** nach Art und Höhe sowie
- die Wertschöpfung **W**.

Das Modell soll – unter Nutzung von *MS Excel* - zugleich so gestaltet werden, dass die Ausgangsdaten (laut Tab. 2.3.1 bis 2.3.4) mittels „Drehfelder" variiert werden können, um wiederum Sensivitätsanalysen durchführen zu können.

Zugleich soll das Modell die Durchführung und Auswertung sowohl von *Vorwärtsrechnungen* (vom Input zum Output) als auch von *Rückwärtsrechnungen* (vom Output zum Input) über die Nutzung der Excel-Funktionen für die *Matrizen- und Vektorrechnung* ermöglichen.

Das Ergebnis einer solchen Modelldarstellung zeigt die **Abb. 2.17**.

Zugehörige Excel-Datei: *08_WiKyb_Betriebsprozess.xlsm*

Folgende *Einzelberechnungen* werden dabei ausgeführt:[21]

- *Fertigungszeitaufwand* (Faktormenge):

$$a_i = \sum a_{ik} * q_k \quad (1)$$

Ermittlung des Fertigungszeitaufwands

Es bedeuten:

a_{ik} produktbezogener Fertigungszeitaufwand [Min./ME], Fertigungsbereich **i**, Erzeugnis **k** (i, k = 1, 2, 3, 4),

q_k geplante Produktions-/Absatzmenge [ME], Erzeugnis **k**

a_i Fertigungszeitaufwand im Bereich F_i [Min.],

---

[21] Details hierzu sind in folgender Quelle zu finden:
von KÄNEL, S.: Kostenrechnung und Controlling. Haupt Verlag, Bern 2008.

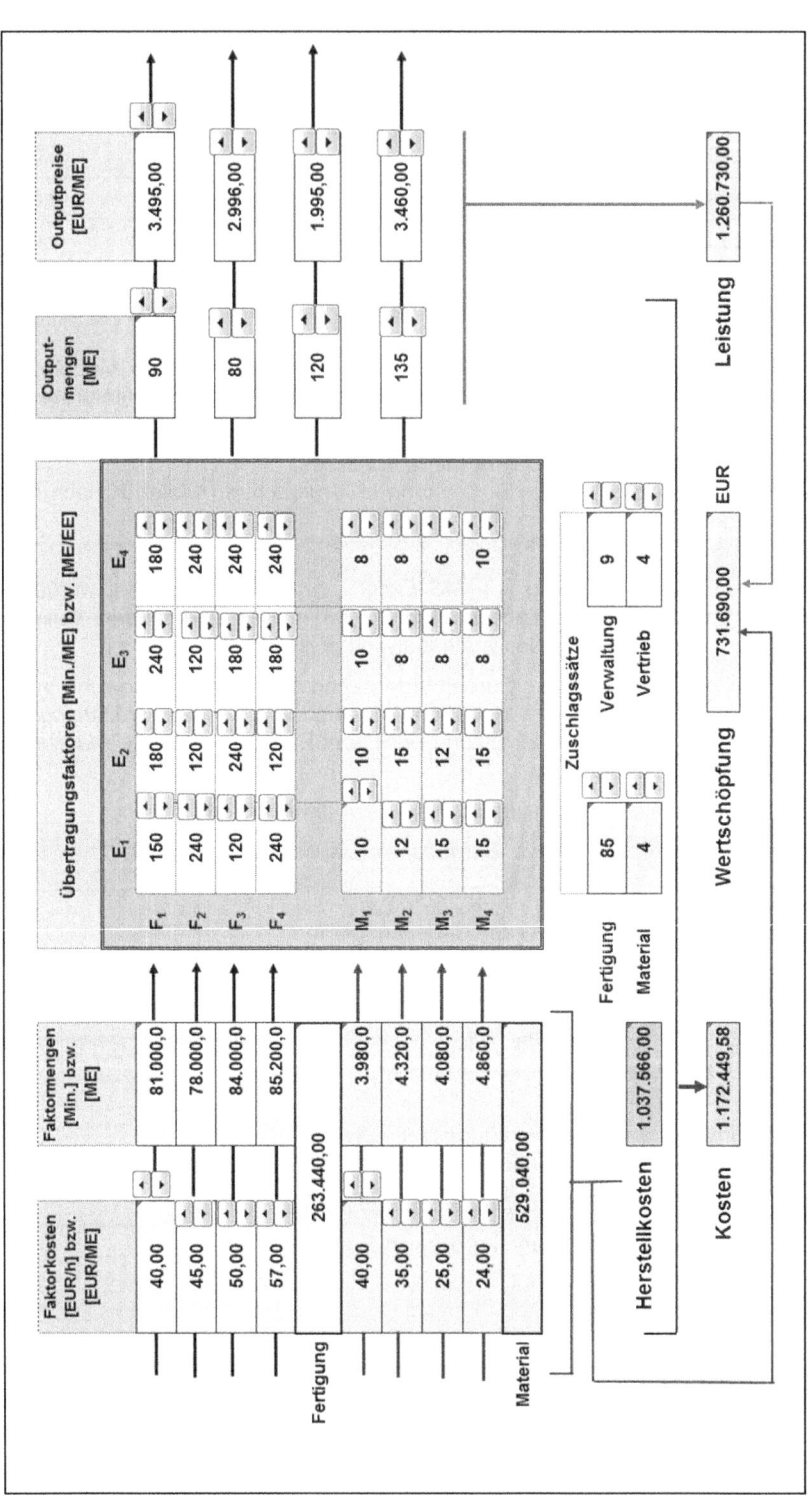

Abb. 2.17: Prozessmodell zur Ermittlung der Leistung L, der Kosten K und der Wertschöpfung W

2. Wirtschaftskybernetische Modellbildung

- *Fertigungseinzelkosten* **FEK** [EUR]

Ermittlung der Einzelkosten

$$FEK = \sum (a_i /60) * ah_i \text{ [EUR]} \qquad (2)$$

Es bedeuten:

a_i Fertigungszeitaufwand [Min.], Fertigungsbereich **i** (i = 1, 2, 3, 4),

ah_i Faktorkosten [EUR/h] im Fertigungsbereich Bereich **i**,

FEK   Fertigungseinzelkosten [EUR].

- *Materialaufwand* (Faktormenge):

$$m_j = \sum m_{jk} * q_k \qquad (3)$$

Es bedeuten:

m_{jk} produktbezogener Materialaufwand [ME/ME], Materialart **j**, Erzeugnis **k** (j, k = 1, 2, 3, 4),

q_k geplante Produktions-/Absatzmenge [ME], Erzeugnis **k**

m_j Materialaufwand betreffs Materialart **j** [ME].

- *Materialeinzelkosten* **MEK** [EUR]

$$MEK = \sum m_j * r_j \text{ [EUR]} \qquad (4)$$

Es bedeuten:

m_j Materialaufwand [ME] betreffs Materialart j (j = 1, 2, 3, 4),

r_j Faktorkosten [EUR/ME] betreffs Materialart j,

MEK   Matertialeinzelkosten [EUR].

- *Herstellungskosten* **HK** [EUR]

Ermittlung der Herstellungskosten

$$HK = FEK + FGK + MEK + MGK \text{ [EUR]} \qquad (5)$$

Es bedeuten:

HK   Herstellungskosten gesamt [EUR],

FEK   Fertigungseinzelkosten [EUR],

MEK   Matertialeinzelkosten [EUR],

FGK   Fertigungsgemeinkosten [EUR],

MGK   Materialgemeinkosten [EUR].

Die Gemeinkosten ergeben sich aus der Multiplikation der betreffenden Einzelkosten mit dem zugehörigen Zuschlagssatz:

$$FGK = FEK * zs_F / 100 \quad [EUR] \text{ und}$$
$$MGK = MEK * zs_M / 100 \ [EUR]. \tag{6}$$

Hierin repräsentiert die Größe zs_F den prozentualen Zuschlagssatz für Fertigungsgemeinkosten, bezogen auf die Fertigungseinzelkosten, und die Größe zs_M den prozentualen Zuschlagssatz für die Materialgemeinkosten, bezogen die Materialeinzelkosten.

- *Kosten* **K** [EUR]

$$K = HK * (1+ zs_{Vw}/100 + zs_{Vt}/100 \quad [EUR] \tag{7}$$

Ermittlung der Kosten K

Es bedeuten:

HK   Herstellungskosten gesamt [EUR],

zs_{Vw} Zuschlagssatz für Verwaltungsgemeinkosten [%], bezogen auf die Herstellungskosten,

zs_{Vt} Zuschlagssatz für Vertruebsgemeinkosten [%], bezogen auf die Herstellungskosten.

- *Leistung* **L** [EUR]

$$L = \sum q_k * p_k \quad [EUR] \tag{8}$$

Ermittlung der Leistung L

Es bedeuten:

L   erstellte (Absatz-)Leistung gesamt [EUR],

q_k geplante Produktions-/Absatzmenge [ME], Erzeugnis **k**

p_k geplanter Verkaufspreis [EUR/ME], Erzeugnis k.

- *Wertschöpfung* **W** [EUR]

$$W = L - (MEK + MGK) \quad [EUR] \tag{9}$$

Ermittlung der Wertschöpfung W

Im hier betrachteten Fall wird als *Werschöpfung* **W** die Differenz zwischen der erstellten *Leistung* **L** [EUR] und der Wertgöße der bezogenen Vorleistung in Gestalt der *Materialkosten* **MK** (mit MK = MEK + MGK) angesetzt.[22]

---

[22] Weitere Details sind der Excel-Datei „08_WiKyb_Betriebsprozess.xlsm" (im Online-Zusatzmaterial) zu entnehmen.

2. Wirtschaftskybernetische Modellbildung

■ **Ermittlung der Umsatzerlöse UE, des Betriebsergebnisses BE und der Umsatzrentabilität ur**

In einem zweiten Teil der Aufgabe in diesem Fallbeispiel geht es darum, die Zusammenhänge in der Phase der *Leistungsverwertung* (Absatzprozess) so abzubilden, dass die hier zu beachtenden Modellparameter mittels „Drehfelder" variiert werden können, um wiederum *Sensivitätsanalysen* durchführen zu können.

Situation: Von den im Monat Februar des lfd. Geschäftsjahres produzierten Mengen der Produkte E_1 bis E_4 wurden die in **Tab. 2.3.5** aufgeführten Mengen zu den angegebenen Preisen verkauft, wobei die klakulierten Verkaufspreise nicht mit den bezahlten Preisen übereinstimmen.

Tab. 2.3.5

Erzeugnis	Umsatzmengen [ME]	Verkaufspreise [EUR/ME]	bezahlte Preise [EUR/ME]
Erzeugnis E_1	90	3.495,00	3.490,00
Erzeugnis E_2	78	2.996,00	2.980,00
Erzeugnis E_3	113	1.995,00	1.972,00
Erzeugnis E_4	120	3.460,00	3.451,00

Ausgehend von den Daten zur Leistungsverwertung sind zu ermitteln:
- der *Umsatz* **U** (Umsatzmengen zu Verkaufspreisen) und
- die *liquiditätswirksamen Einzahlungen* aus *Umsatz* **UE** (Umsatzmengen zu bezahlten Preisen) sowie
- das *Betriebsergebnis* **BE** und die *Umsatzrentabilität* **ur.**

Für die Lösung dieser Aufgaben wird in der zugehörigen Excel-Datei das in **Abb. 2.18** skizzierte Prozess-Modell bereitgestellt.

Formelmäßige Berechnungen:

- *Umsatz* **U** [EUR]:

$$U = \sum vq_k * vp_k \quad [EUR] \quad (10)$$

Ermittlung des Umsatzes U und der Umsatzerlöse UE

Es bedeuten:

U errechneter Umsatz gesamt [EUR],
vq_k verkaufte Absatzmenge [ME], Erzeugnis **k**
vp_k kalkulierter Verkaufspreis [EUR/ME], Erzeugnis k.Umsatz **U** [EUR]:

- *liquiditätswirksame Einzahlungen Umsatz* **UE** [EUR]:

$$UE = \sum vq_k * bp_k \quad (11)$$

Es bedeuten:

    UE   liquiditätswirksame Einzahlungen aus Umsatz gesamt [EUR],

    vq$_k$ verkaufte Absatzmenge [ME], Erzeugnis **k**

    bp$_k$ bezahlter Verkaufspreis [EUR/ME], Erzeugnis k.

Prozessmodell Leistungsverwertung

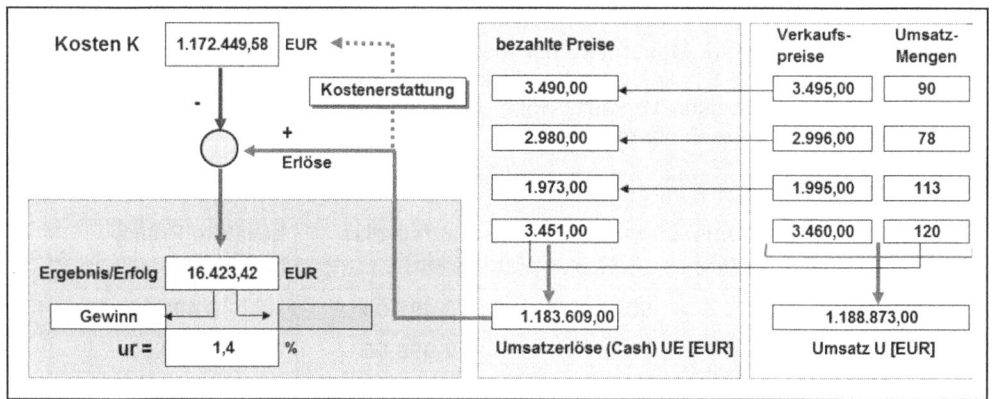

Abb. 2.18: Prozess-Modell zur Ermittlung der Ergebnisgrößen der Phase der Leistungsverwertung

- *Betriebsergebnis* **BE** [EUR]:

$$BE = UE - K \quad [EUR] \tag{12}$$

Ermittlung des Betriebsergebnisses

Es bedeuten:

    BE   Betriebsergebnis gesamt [EUR],

    UE   liquiditätswirksame Einzahlungen Umsatz [EUR],

    K   ermittelte Kosten der Absatzleistung [EUR].

Ein Resultat **BE > 0** bedeutet *Gewinn*, ein Resultat **BE < 0** bedeutet *Verlust*, während bei **BE = 0** nur die „*schwarze Null*" erreicht wird.

- *Umsatzrentbilität* **ur** [%]:

$$ur = \frac{BE\ [EUR]}{UE\ [EUR]} * 100\ [\%] \tag{13}$$

Ermittlung der Umsatzrentabilität

Es bedeuten:

    BE   Betriebsergebnis gesamt [EUR],

    UE   liquiditätswirksame Einzahlungen Umsatz [EUR],

    ur   Umsatzrentabilität [%].

2. Wirtschaftskybernetische Modellbildung

Kommentar: Die besondere Bedeutung des hier skizzierten excelbasierten Modells eines Betriebsprozesses ist nicht nur darin zu sehen, dass die *kosten- und ergebnisbezogenen betriebswirtschaftlichen Zusammenhänge* in den Phasen der Leistungserstellung und der Leistungsverwertung in der *Einheit von Qualität und Quantität* nachvollziehbar aufgedeckt werden, sondern dass es auf diese Weise möglich ist, unmittelbar aufzuzeigen, wie „empfindlich" die Ergebnisgrößen „Betriebsergebnis" und „Umsatzrentabilität" auf Änderungen der Werte von Faktorkosten (bei Material, Lohn) und der von Übertragungsfaktoren (Materialverbrauch, Arbeitszeitaufwand) reagieren.

Nutzung des Modells für Variationsrechnungen

Beispiel: Wenn sich allein der Preis beim Material M_1 von bislang **40,00** EUR/ME auf **44,00** EUR/ME, also um **10 %** erhöhen würde, kann sofort abgelesen werden, dass sich dadurch die Kosten **K** – bei sonst unveränderten Daten – um über 18.700 EUR erhöhen, mit der Folge, dass im Betriebsergebnis **BE** ein **Verlust** von über 2.284 EUR ausgewiesen wird!

Gelänge es hingegen, den Arbeitszeitaufwand – beispielsweise - bei Erzeugnis E_3 im Fertigungsbereich F_1 von bislang **240** Min./ME auf **216** Min./ME zu senken (Änderung um 10 %), kann anhand des Modells sofort abgelesen werden, dass die Kosten **K** – bei sonst unveränderten Daten – um über 4.000 EUR sinken, was zugleich eine Erhöhung des Betriebsergebnis **BE** um eben diesen Wert bewirkt!

Somit sind derartige Prozessmodelle duchaus geeignet, herauszufinden, bei welchen Modellparameter es sich besonders lohnt, den „Hebel für Veränderungen" anzusetzen, um letztlich bessere Werte bei der Zielgröße „Betriebsergebnis" zu erreichen![23]

2.3.2 Kreislaufmodell zum Umsatzprozess

■ **Zusammenhang zur Unternehmensgründung**

Die Gründung *neuer* und die *Fortführung bestehender* Unternehmen (über Nachfolgeregelungen) hat für die Sicherung und den Ausbau der Leistungsfähigkeit einer Volkswirtschaft existenzielle Bedeutung:[24]

Bedeutung von Unternehmensgründungen

> - Unternehmensgründer schaffen neue Arbeitsplätze, denn der Aufbau einer selbständigen Existenz ersetzt oder ergänzt die abhängige Beschäftigung, wodurch der Arbeitsmarkt entlastet wird.
> - Existenzgründer schaffen den Markteinstieg in der Regel nur dann, wenn sie neue, innovative Produkte und Dienstleistungen hervorbringen und anbieten.
> - Existenzgründer beleben den Wettbewerb als Motor des Fortschritts u. a. m.

Bevor die Neugründung eines Unternehmens dem Unternehmer den ersten, im Umsatzprozess verdienten Euro in die "Kasse" bringt, ist eine Vielzahl von Aktivitäten zu erledigen.

---

[23] Dies kann anhand der Excel-Datei „09_WiKyb_Betriebsprozess.xlsm" ausprobiert werden.
[24] Siehe die diesbezügliche ausführliche Darstellung in:
von KÄNEL, S.: Betriebswirtschaftslehre. Eine Einführung, a. a. O., Kapitel 2.

Dies betrifft solche Aufgaben wie

> Finden und Überprüfen einer tragfähigen *Geschäftsidee* (Fragen: Welches Produkt soll erstellt und angeboten werden? Wer kommt auf welchen Zielmärkten hierfür als Kunde in Frage? Was können Alleinstellungsmerkmale sein? Welche Konkurrenten sind zu beachten? U. a.m.).

> Treffen wichtiger *konstitutiver Entscheidungen*, insbesondere zu Standort und Wirkungsraum sowie zu Firma und Rechtsform des Unternehmens.

> Ermittlung des benötigten *Kapitalbedarfs* und „Abchecken" der Möglichkeiten für das Aufbringen der Mittel zur Deckung des Kapitalbedarfs.

> Erarbeiten eines aussagefähigen *Businessplanes* als Grundlage für alle weiteren Gründungsaktivitäten.

Eine tragfähige Geschäftsidee und ein aussagefähiger Businessplan sind zwar wichtige Voraussetzungen für einen erfolgreichen Start in die Selbstständigkeit, jedoch noch lange keine Garantie dafür, dass dies auch gelingt.

Auswertungen zu erfolgreichen und zu gescheiterten Unternehmensgründungen verdeutlichen vielmehr, dass das *Beherrschen des betriebswirtschaftlichen Know-hows*, gepaart mit Risikobereitschaft, Verhandlungsgeschick, Rechtskenntnissen, Marketingverständnis und starkem Führungswillen, der letztlich wichtigste Faktor ist, der - nach Ingangsetzung des Geschäftsbetriebs des gegründeten Unternehmens - über Erfolg oder Misserfolg des "Sprungs in die Selbstständigkeit" entscheidet.

Betriebswirtschaftliches Know-how ist gefragt

Wie aber erwirbt man sich das notwendige betriebswirtschaftliche Know-how für die Ingangsetzung und Führung eines neuen Unternehmens, falls es nicht schon per se (über ein einschlägiges Studium) vorhanden ist?

Mit der im Online-Zusatzmaterial verfügbar gemachten Excel-Datei „*10_WiKyb_Kreislauf_Umsatzprozess1_A.xlsm*" wird allen Interessierten eine Lösung offeriert, sich anhand eines fiktiven *Fallbeispiels* im interaktiven, computergestützten Selbststudium zu prüfen, inwieweit das unabdingbar benötigte betriebswirtschaftliche Existenzgründer-Know-how bereits vorhanden und ausreichend gefestigt ist. Grundlage dieser Lösung ist das vom Autor entwickelte und bereits mehrfach publizierte „*Kreislaufmodell des Umsatzprozesses*":[25]

Siehe hierzu die Excel-Dateien „*10_WiKyb_Kreislauf_Umsatzprozess1_A.xlsm*" sowie „*11_WiKyb_Kreislauf_Umsatzprozess1_L.xlsm*" im Online-Zusatzmaterial.

Im fiktiven Fallbeispiel „*Mustermann KG*" geht es um die step-by-step-Umsetzung einer *Geschäftsidee*, die die Errichtung eines Betriebes für die *Herstellung von*

Fallbeispiel „Mustermann KG"

---

[25] Siehe hierzu:
von KÄNEL, S.: Betriebswirtschaft für Ingenieure. NWB-Verlag, Herne 2008,
von KÄNEL, S.: Betriebswirtschaftslehre. Eine Einführung, a. a. O.

2. Wirtschaftskybernetische Modellbildung

Elektromobilen zum Inhalt hat. Die zu fertigen Elektromobile sollen Menschen mit eingeschränktem Bewegungsradius dazu verhelfen, dass sie ihre Zeit wieder selbständig planen und notwendige Erledigungen unabhängig von der Hilfe Dritter tätigen können.

■ Übersicht über die zu bearbeitenden Aufgaben

Die im Fallbeispiel zu bearbeitenden betriebswirtschaftlichen Aufgaben beziehen sich – ausgehend vom erarbeiteten *Businessplan* - auf zwei große Komplexe (siehe auch **Abb. 2.19**):

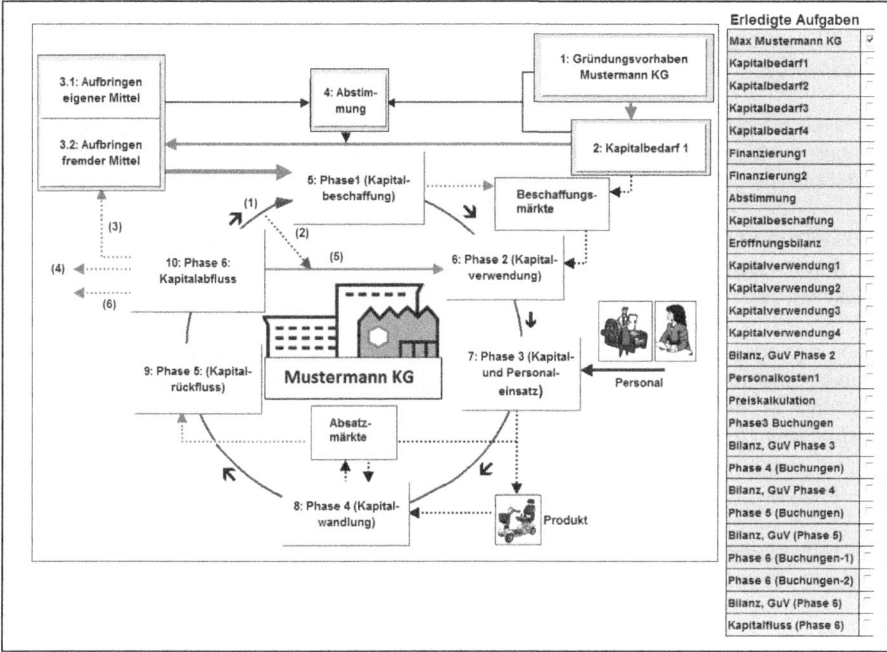

Abb. 2.19: Übersicht über die zu bearbeitenden Aufgaben im Fallbeispiel „*Mustermann KG*" (Kreislaufmodell zum Umsatzprozess)

In einem *ersten Komplex* geht es darum, folgende Vorklärungen vorzunehmen, ehe der eigentliche Geschäftsbetrieb des gegründeten Unternehmens mit der Phase 1 (Kapitalbeschaffung) aufgenommen werden kann:

Ermittlung des Kapitalbedarfs und der Finanzierungsmöglichkeiten

➢ Ermittlung des *Kapitalbedarfs* für das Gründungsvorhaben mit den Positionen „Gründungskosten", „Kapitalbedarf Anlagevermögen", „Kapitalbedarf Umlaufvermögen" und „Kapitalbedarf Lebenshaltungskosten" (vor Ingangsetzung des Geschäftsbetriebs),

➢ Erarbeiten eines *Finanzierungsplanes* für das Aufbringen der erforderlichen Mittel zur Deckung des Kapitalbedarfs mit den Positionen „Eigene Mittel der

> Gründer", „Nutzung von Fördermitteln wie ERP-Gründerkredit" sowie „Aufnahme von Bankkrediten" und

> Sicherung der *Abstimmung* zwischen „Kapitalbedarf" und „Finanzierungsquellen zur Deckung des Kapitalbedarfs".

In die vorbereiteten Tabellenblätter der Excel-Datei sind hierzu eigenständig Zahleneingaben vorzunehmen und Zusatzaufgaben (wie die Ermittlung von Anschaffungskosten) zu bearbeiten. Die Eingabefelder sind programmtechnisch gegen nicht zulässige Zahleneingaben abgeschützt.

Nach jeder bearbeiteten Teilaufgabe ist die Rückkehr zum zentralen Tabellenblatt („Cockpit") vorgesehen. Hier wird dann angezeigt, welche Teilaufgabe bereits bearbeitet wurde.

Im *zweiten Komplex* des Fallbeispiels geht es darum, jene betriebswirtschaftlichen Aufgaben zu bearbeiten, die die Ingangsetzung und den ersten Vollzug des Geschäftsbetriebs des gegründeten Unternehmens zum Inhalt haben.

Ingangsetzung des Geschäftsbetriebs

Voraussetzung hierfür ist, dass der ermittelte Kapitalbedarf – zumindest vom Plan her - durch zugesicherte Mittel aus eigenen und fremden Finanzierungsquellen gedeckt werden.

Bei der Ingangsetzung und beim ersten Vollzug des Geschäftsbetriebs des Unternehmens sind insgesamt sechs typische Phasen zu unterscheiden, die in ihrer Folge und in ihrem betriebswirtschaftlichen Zusammenhang den eigentlichen „*Kreislauf des Umsatzprozesses*" bilden (siehe **Abb. 2.19**).[26]

■ **Phasenmodell zum Kreislauf des Umsatzprozesses**

In der Excel-Datei zum Fallbeispiel „Mustermann KG" sind in den benannten Phasen des Kreislaufmodells folgende Aufgaben zu lösen:

- **Phase 1 „Kapitalbeschaffung"**

Mit dem Abschluss aller vorklärenden Aktivitäten beginnt der eigentliche "Ernst des Lebens", denn mit der Erledigung der Gewerbeanmeldung, mit dem Einleiten einer notariell beglaubigten Eintragung in das Handelsregister, mit den Anträgen auf günstige ERP/KfW-Kredite und auf Bereitstellung eines Darlehens durch die Hausbank u. a. m. wird der sog "*Point-of-no-Return*" einer Unternehmensgründung erreicht und überschritten.

Point-of-no-Return

Alle Anstrengungen der Gründer sind nunmehr darauf zu richten, die für die Umsetzung seines Vorhabens benötigten Mittel zu beschaffen.

Wichtig: Die in der Phase der Kapitalbeschaffung von den Gründern zu beschaffenden bzw. beschafften Mittel kommen - aus der Sicht des Geschäftsbetriebs des Unternehmens als Kreislauf des Umsatzprozesses - ausnahmslos "*von Au-*

---

[26] Details hierzu sind im Lehrbuch „Betriebswirtschaftslehre. Eine Einführung" (a. a. O.) zu finden.

2. Wirtschaftskybernetische Modellbildung

ßen". Diese Art der Finanzierung eines Unternehmens wird daher bekanntlich auch als *Außenfinanzierung* bezeichnet.

Außenfinanzierung

Ist die Gründung eines Unternehmens – wie im betrachteten Fallbeispiel zutreffend – mit einer pflichtgemäßen oder auch freiwilligen Eintragung der Firma in das Handelsregister verbunden, ist eine *Eröffnungsbilanz* (gem. § 242 HGB) zu erstellen.

Eröffnungsbilanz

Diese Eröffnungsbilanz entsteht im Fallbeispiel automatisch, wenn der Bearbeiter des Fallbeispiels die Buchungen der einzelnen Positionen der beschafften Finanzmittel ordnungsgemäß ausgeführt hat (siehe Ausschnitt des Excel-Tabellenblatts in **Abb. 2.20**).

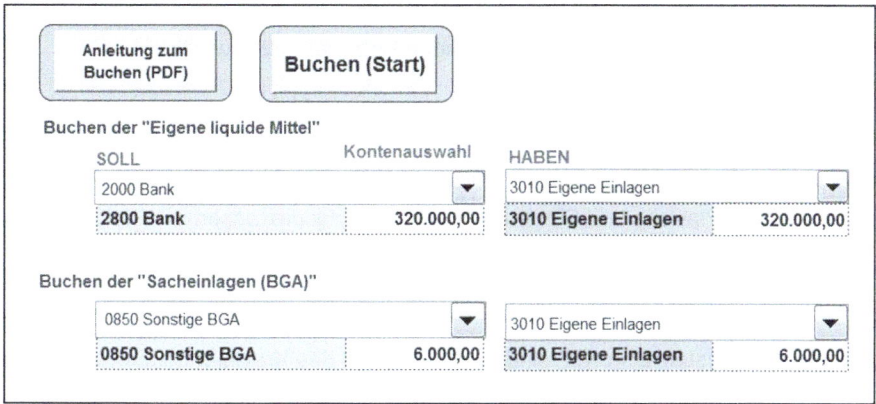

Abb. 2.20: Buchungen zur Erstellung der Eröffnungsbilanz nach Phase 1

- **Phase 2 „Kapitalverwendung"**

Die Beschaffung der benötigten finanziellen Mittel kann nur Ausgangspunkt für die Ingangsetzung des Geschäftsbetriebs eines Unternehmens sein, denn mit Geld allein können im hier betrachteten Fallbeispiel keine Leistungen erstellt und keine Umsätze mit Kunden getätigt werden.

Die Gründer stehen als Unternehmer vielmehr vor der Aufgabe, ihren Investitionsplan step-by-step verwirklichen. Dies ist der inhaltliche Kern der *Phase 2* der Ingangsetzung des Geschäftsbetriebs des Unternehmens, der *Phase der Kapitalverwendung*.

Im Fallbeispiel „Mustermann KG" sind folgende Aufgaben der Kapitalverwendung (mit zugehörigen Berechnungen und Buchungen) zu lösen:

Aktivitäten der Kapitalverwendung

- ➢ Anschaffung eines Grundstücks,
- ➢ Erwerb verschiedener technischer Sachgüter (Bearbeitungsmaschine, Batterie-Ladestation, Gabelstapler, Kleintransporter u. a.),
- ➢ Kauf von Gegenständen der Betriebs- und Geschäftsausstattung (Büromöbel, Werkzeuge u. a.),

➢ Kauf von Rohstoffen und Handelswaren,

Des Weiteren ist in dieser Phase die Bezahlung der Gründungskosten zu erledigen.

Die Daten aus den vorgenommenen Buchungen der Beschaffungs- und Zahlungsaktivitäten werden automatisch in die *Bilanz* nach Abschluss der Phase 2 übernommen. Zugleich entsteht erstmals eine *Gewinn- und Verlustrechnung* (GuV) nach dem Gesamtkostenverfahren.

- **Phase 3 „Kapital- und Personaleinsatz"**

Die Phase 3 im Kreislaufprozess beinhaltet die *eigentliche Leistungserstellung* [Produktion] als Kernfunktion in jedem Unternehmen, denn in dieser Phase geht es um die praktische Umsetzung des jeweiligen Unternehmenszwecks.

Die ordnungsgemäße Wahrnehmung der notwendigen Aktivitäten in diesem Prozess stellt an die Gründer erneut hohe Anforderungen, hier vor allem an ausreichende Kenntnisse in Bezug auf die technisch-technologischen Spezifika der jeweiligen Leistungserstellung, ferner an Kenntnisse und Erfahrungen in Bezug auf die Organisation, Planung und Steuerung von Fertigungsprozessen sowie auch an Kenntnisse auf personalwirtschaftlichem Gebiet (Personaleinsatz, Entlohnung, Mitarbeiterführung u. a.) bis hin zu Kenntnissen der Normen und Vorschriften auf den Gebieten Qualitätssicherung, Produkthaftung, Arbeits- und Umweltschutz u. a.

Phase der Leistungserstellung

Im Fallbeispiel „Mustermann KG" sind in der Phase 3 des Kreislaufmodells folgende Aufgaben (mit zugehörigen Berechnungen und Buchungen) zu lösen:

➢ Detaillierte Ermittlung der *Personalaufwendungen* für neue Mitarbeiter,
➢ Kalkulation eines *Angebotspreises* für das erstellte Elektro-Mobil,
➢ Ermittlung der *Herstellungskosten* und der *Selbstkosten* bei einem ersten Kundenauftrag,
➢ Bearbeitung eingehender *Rechnungen* (Energiebezug, Telekommunikationsleistungen u. a.).

Die Daten aus den vorgenommenen Buchungen werden wiederum automatisch in die *Bilanz* nach Abschluss der Phase 3 sowie in die vorbereitete *Gewinn- und Verlustrechnung* (GuV) übernommen und können hier ausgewertet werden.

Wichtiges Prüfungskriterium: Der in der Bilanz ausgewiesene Erfolg (Gewinn oder Verlust) muss immer „auf den Cent" mit dem in der GUV angezeigten Erfolg übereinstimmen.

- **Phase 4 „Kapitalwandlung"**

Die Phase 4 im Kreislaufprozess beinhaltet den Gesamtprozess der vorbereitenden und ausführenden Tätigkeiten zur *entgeltlichen Verwertung* der vom Unternehmen erstellten Produkte auf Absatzmärkten.

„Schicksals-Phase „Kapitalwandlung" (Absatz)

Dem betriebswirtschaftlichen Inhalt nach ist diese *Leistungsverwertung* ein *Prozess der Wandlung* des in den Produkten (= Ertragsgüter) gebundenen Kapitals in

2. Wirtschaftskybernetische Modellbildung

Erlöse aus Umsatz: Der in einem erstellten Produkt verkörperte Wert, welcher im berechneten Preis seinen Geldausdruck findet, wandelt sich in "Cash" (bei Sofortzahlung) bzw. in eine "Forderung aus Lieferung und Leistung" (bei Zuerkennung eines Zahlungsziels beim Begleichen der Rechnung) um.

Für jedes Unternehmen, speziell aber für Existenzgründer ist diese Phase im Kreislauf die eigentliche "*Schicksalsphase*", denn hier entscheidet sich, ob das fixierte Geschäftskonzept letztlich Bestand hat und ob ihre Absatz-und Marketingstrategie aufgeht, indem sie mit Kunden kostendeckende und letztlich gewinnbringende Umsätze tätigen können!

Aber Achtung: *Nur der zufriedene Kunde bleibt ein Kunde (und führt zu neuen Kunden)!*

Im Fallbeispiel „Mustermann KG" gelingt es den Gründern, einem Kunden einen Teil der ersten Serie der hergestellten Elektro-Mobile zu verkaufen, wobei dem Kunden eine Rabatt gewährt und in der Ausgangsrechnung auch ein Kundenskonto eingeräumt wird.

Die Aufgabe in dieser Phase besteht darin, die Erlöse aus Umsatz zu ermitteln, den Bestand an Fertigerzeugnissen zu bewerten und zugehörige Buchungen vorzunehmen.

Nach Erfüllung dieser Aufgabe können die Wirkungen der vorgenommenen Buchungen wieder in der *Bilanz* (nach Abschluss der Phase 4) sowie in der *Gewinn- und Verlustrechnung* (GuV) eingesehen werden.

- **Phase 5 „Kapitalrückfluss"**

Für den Fall, dass Rechnungen an Kunden nicht sofort zu begleichen sind, weil sie ein Zahlungsziel enthalten, kommt dem Problem des "Inkassos" eine besondere Bedeutung zu:

Inkasso

Forderungen (aus Lieferungen und Leistungen) stellen zwar Vermögensgegenstände (hier Debitoren) dar, aber solange dies nicht zu Einzahlungen führt, kann der Umsatzprozess (als Kreislauf) ins Stocken geraten.

Wenn aber dieser Kreislauf erst einmal wegen fehlender liquider Mittel gestört wird, entsteht schnell die Gefahr der *Illiquidität* des Unternehmens und damit die Gefährdung seiner Existenz!

Eine der Hauptursachen für das Scheitern von Unternehmensgründungen ist die fehlende Liquidität des Unternehmens und dieser Sachverhalt kann auch dann eintreten, wenn das Unternehmen ausreichende Umsätze getätigt hat, diese aber in der Hauptsache nur "Außenstände" (Forderungen) darstellen, und es kaum Hoffnung gibt, dass diese Forderungen (z. B. aus einem Exportgeschäft) ordnungsgemäß beglichen werden.

Unternehmensgründer sind daher gut beraten, bei Geschäften mit Kunden die notwendige kaufmännische Vorsicht und Umsicht walten zu lassen. Lieber einen risikoreichen Auftrag ablehnen als sich in oft erfolglosen Mahnverfahren und dergleichen "zu üben"!

Im Fallbeispiel „Mustermann KG" wird angenommen, dass besagte Kunde die Rechnung über die gekauften Elektro-Mobile innerhalb der Skontofrist per Banküberweisung.

Da der Kunde das angebotene Skonto ausgenutzt hat, was eine Erlösschmälerung bewirkt, besteht die Aufgabe in dieser Phase darin, die dadurch bewirkten Änderungen bei den Forderungen, der Umsatzsteuer und den Erlösen richtig zu verbuchen. Ob dies gelingt, kann wieder anhand der Datenübertragung auf die Bilanz und die GuV-Rechnung überprüft werden.

- **Phase 6 „Kapitalabfluss"**

Mit der Phase "Kapitalrückfluss" ist der Gesamtprozess der Ingangsetzung des Geschäftsbetriebes eines Unternehmens - als Kreislauf gesehen - faktisch geschlossen.

Da aber der Sinn einer Unternehmensgründung nicht darin besteht und bestehen kann, ein "Einmal-Geschäft" zu tätigen, muss es im Geschäftsbetrieb weitergehen, denn ein wichtiges Merkmal eines Gewerbebetriebes besteht gerade darin, dass er - vom Grundsatz her - *auf Dauer* angelegt wird ("*Business must go on*!").

Business must go on

Wir kommen daher zu einer weiteren Phase im Kreislauf des Umsatzprozesses, der *Phase des Kapitalabflusses*. Bei den *Entscheidungen* zur *Verwendung der zurückgeflossenen Erlöse aus Umsatz* sind mindestens fünf Abflüsse zu unterscheiden (siehe **Abb. 2.21**):

Zu treffende Entscheidungen zum Kapitalrückfluss

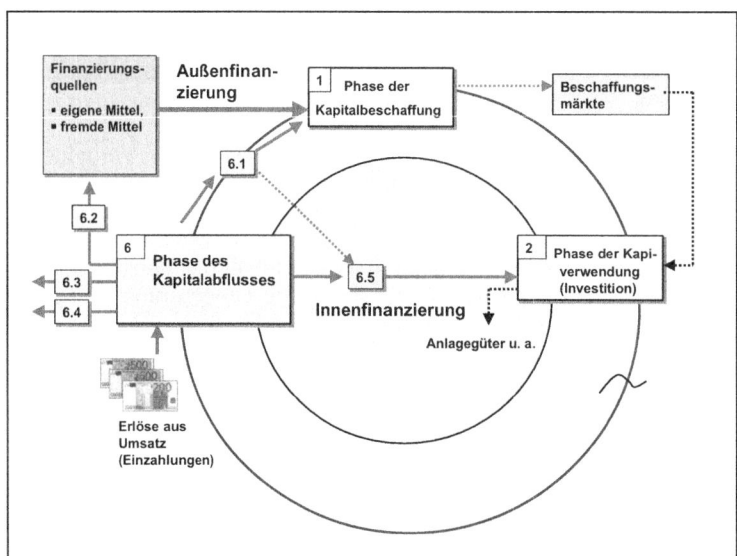

Abb. 2.21: Verwendung der zurückgeflossenen Mittel aus dem Umsatzprozess

2. Wirtschaftskybernetische Modellbildung

Abfluss 6.1: *Kostenersatz*
Die über den Prozess der Leistungserstellung und Leistungsverwertung erzielten Umsatzerlöse dienen zunächst dem Ersatz jener Aufwendungen, die in diesem Prozess verursacht wurden (Materialverbrauch, Personalaufwendungen, Abschreibungen, Verwaltungskosten, Vertriebskosten u. a.), unabhängig davon, ob diese Aufwendungen auszahlungswirksam sind (wie Personalaufwendungen) oder nicht (wie Abschreibungen).

Dieser Teil der Verwendung der Erlöse aus Umsatz ist somit als *Kostenersatz* einzuordnen.

Nur wenn es den Unternehmensgründern im Umsatzprozess gelingt, zumindest kostendeckende Preise durchzusetzen, kann eine Weiterführung des Geschäftsbetriebs - mit der Hoffnung auf künftige Gewinnerzielung - erfolgen, ansonsten müssen wieder über die Phase 1 finanzielle Mittel zur Deckung der Kosten beschafft werden, solange, bis auch dies dann nicht mehr möglich ist. Das wäre dann das Ende der Selbstständigkeit!

Kostenersatz

Abfluss 6.2: *Zahlungsverpflichtungen an externe Partner*
Mit der Ingangsetzung und Aufrechterhaltung des Geschäftsbetriebes eines Unternehmens sind immer eine Reihe von Zahlungsverpflichtungen gegenüber externen Partnern im Wirtschaftsverkehr verbunden, so vor allem in Bezug auf

- das Begleichen von *Verbindlichkeiten aus Lieferungen und Leistungen* sowie
- die *Tilgung* aufgenommener Kredite, verbunden mit der Zahlung von *Zinsen*.

Zahlungsverpflichtungen

Abfluss 6.3: *Abgaben*
Jeder Unternehmer hat entsprechend den einschlägigen Rechtsvorschriften Abgaben an den Staat und an andere Einrichtungen zu leisten.
Dies betrifft vor allem

- Vorauszahlungen zur Umsatzsteuer (ggf. aber auch Rückerstattung von Vorsteuerbeträgen),
- Anteile des Unternehmers als Arbeitgeber in Bezug auf SV-Beiträge,
- Beiträge zur Berufsgenossenschaft und ggf. zur Künstlersozialkasse,
- Vorauszahlungen zur Gewerbesteuer, zur Einkommen- bzw. Körperschaftsteuer.

Abgaben

Auch diese Abgaben sind pflichtgemäß zu fälligen Terminen zu leisten und führen zwangsläufig zum Abfluss liquider Mittel.

Abfluss 6.4: *Privatentnahmen, Gewinnausschüttungen*,
Einzelunternehmer sowie geschäftsführende Gesellschafter von Personengesellschaften bestreiten ihren Lebensunterhalt dadurch, dass sie Entnahmen aus den erzielten Umsatzerlösen tätigen.

Dies ist handels- und steuerrechtlich logischerweise zulässig, denn im dauerhaften Erwirtschaften von Mitteln für den eigenen Lebensunterhalt und für die Befriedigung persönlicher Bedürfnisse besteht ja ein wichtiges Motiv der Gründung und Führung von Personenunternehmen (wie im Fallbeispiel „*Mustermann KG*").

Entnahmen

Betriebswirtschaftlich sind derartige Privatentnahmen und damit verbundene Gewinnausschüttungen für das Unternehmen immer dann "verkraftbar", wenn Überschüsse (Gewinne) erwirtschaftet werden. Ist dies nicht der Fall, gibt es diesbezüglich sofort ernste Probleme für das weitere Bestehen des Unternehmens.

Bei Kapitalgesellschaften gelten andere Regelungen. Hier erhalten der bzw. die Geschäftsführer einer GmbH bzw. die Vorstandsmitglieder einer AG ein Gehalt lt. Anstellungsvertrag. Privatentnahmen sind nicht zulässig.
Können die Gehälter nicht zu fälligen Terminen gezahlt werden, besteht folgerichtig Insolvenzgefahr.
Werden hingegen Gewinne erwirtschaftet, dann erheben die Eigentümer der Gesellschaft Ansprüche auf Gewinnausschüttungen bzw. Dividendenzahlungen, was zu weiteren Abflüssen vom Bestand liquider Mittel führt.

Abfluss 6.5: *Einstellung in Rücklagen*
In den ersten drei bis vier Jahren nach Gründung des Unternehmens sollten von den erwirtschafteten Überschüssen, d. h. von den Gewinnen nach Abzug von Gewinnsteuern, *keine Gewinnausschüttungen* vorgenommen. Die verbliebenen Überschüsse sollten vielmehr angesammelt und in *Gewinnrücklagen* eingestellt werden. Dies wird als *Gewinnthesaurierung* bezeichnet, was auch durch Regelungen der Unternehmensbesteuerung unterstützt wird.

Bildung von Rücklagen

Ein solches Vorgehen bleibt aber oft nur Theorie, denn in der Praxis wird diese betriebswirtschaftliche Pflicht - aus welchen Gründen auch immer - leider nicht oder zu wenig beherzigt.
<u>Wichtig</u>: Ein gegründetes Unternehmen kann - aus betriebswirtschaftlicher Sicht - nur fortbestehen, wenn es die Gründer schaffen, den in Gang gesetzten Umsatzprozess zu einem *sich selbst tragenden Kreislauf* mit den Phasen Kapitalverwendung, Kapital- und Personaleinsatz, Kapitalwandlung, Kapitalrückfluss und Kapitalabfluss zu gestalten.
Kriterium hierfür ist, ob und wie es den Unternehmern gelingt, sich in seinem Geschäftsbetrieb von der Außenfinanzierung - als bislang alleiniger Form der Kapitalbeschaffung - abzukoppeln und eine *dauerhafte Innenfinanzierung* dieses Betriebs zustande zu bringen (siehe Abb. 2.21).

Innenfinanzierung

In diesem Zusammenhang ist besonders zu beachten, dass die Gründer in die Selbstkosten der erstellten Produkte auch *Abschreibungen* der im Betriebsprozess genutzten Güter des Anlagevermögens kalkulieren, denn aus betriebswirtschaftlicher Sicht geht es um ein Äquivalent für den sukzessive Verzehr von Gütern des Anlagevermögens im Prozess der Leistungserstellung und nicht – wie bei Materialkosten, Löhnen u. a. – um ein Äquivalent für den defacto-Verbrauch von Leistungsfaktoren!
Konsequenz: Die in den zurückgeflossenen Umsatzerlösen enthaltenen Abschreibungsbeträge sind somit als *Abschreibungsgegenwerte* anzusehen, da sie in *liquider Form* vorliegen.
Eine gesonderte Betrachtung dieser Gegenwerte macht nur Sinn, wenn das Unternehmen die entsprechenden Beträge "ansammelt", um sie dann – wie in Abb. 2.21 angegeben – im Prozess der *Innenfinanzierung* des Unternehmens für die später notwendigen *Ersatzinvestitionen* verfügbar zu machen, ohne dass erneut auf Formen der Außenfinanzierung zurückgegriffen werden muss.

2. Wirtschaftskybernetische Modellbildung

Soweit die Theorie. Die Praxis zeigt, dass Unternehmensgründer diese betriebswirtschaftlichen Zusammenhänge entweder nicht kennen oder nicht beherzigen (können). Die Folge ist, dass nach Ablauf von 4 bis 7 Jahren die Anlagegüter der Erstausstattung des Unternehmens mehr oder weniger physisch und/oder moralisch verschlissen sind, jetzt aber keine Außenfinanzierung - wie in der Gründungsphase - möglich ist. Ja, und dann???

Im Fallbeispiel „Mustermann AG" werden in der zu bearbeitenden Phase 6 (Kapitalabfluss) die Werte für

> - die einzahlungswirksamen Umsatzerlöse,
> - die Kostenerstattung,
> - die Abschreibungen und
> - das Betriebsergebnis

Aktivitäten im Fallbeispiel „Mustermann KG"

aufgrund der vorherigen Buchungen in Phase 5 (Kapitalrückfluss) automatische ermittelt und ausgewiesen. Zu entscheiden und zu buchen sind – außer den Abschreibungen –

> - die Tilgungsbeträge zu aufgenommenen Krediten,
> - die zugehörigen Zinsbeträge,
> - die Umsatzsteuerzahllast sowie
> - eine Privatentnahme durch die Gründer des Unternehmens.

Sind alle Buchungen ordnungsgemäß erledigt, können die automatisch ermittelten Schluss-Ergebnisse eingesehen werden, und zwar

> - in der Bilanz,
> - in der GuV-Rechnung sowie auch
> - in einer Kapitalflussrechnung.

Das Durcharbeiten des gesamten Fallbeispiels *„Mustermann KG"* kann mit der Datei *„10_WiKyb_Kreislauf_Umsatzprozess1_A.xlsm"* beliebig oft wiederholt werden.

2.3.3 Systemdynamische Abbildung der Geschäftstätigkeit von Unternehmen im Kontext zu Jahresabschluss-Dokumenten

■ **Modell einer systemdynamischen Zustandsdarstellung**

Ein in der Kybernetik und in der Systemforschung seit langem bekannter und genutzter Ansatz zur Analyse, Modellierung und Simulation komplexer Objekte ist die systemdynamische Zustandsdarstellung, auch *„System Dynamics"* genannt. Dieses Konzept wurde von Jay W. *Forrester* am Massachusetts Institute of Technology (MIT) in den 1950er-Jahren entwickelt und fand in den Folgejahren in vielen Wissenschaftsbereichen Anwendung.[27]

System Dynamics

Systemdynamische Zustandsdarstellung

---

[27] FORRESTER, J. W.: Industrial dynamics. Cambridge 1977.
von KÄNEL, S./LAUENROTH, H.-G./MÜLLER, J. A.: Kybernetik. Eine Einführung für Ökonomen, Berlin 1990.
GHOSH, A.: Dynamic Systems for Everyone. Springer Verlag, Heidelberg 2017.

Ein spezielles Anliegen der systemdynamischen Modellbildung besteht darin, den Zusammenhang zwischen *Zustandsgrößen* und *Flussgrößen* in der Bewegung dynamischer Systeme aufzudecken und für die Ableitung von Entscheidungen zur *Steuerung* des Systemverhaltens nutzbar zu machen. Die Darstellung in **Abb. 2.22** zeigt in einem Prinzipschema das Modell einer systemdynamischen Zustandsdarstellung eines Systems.

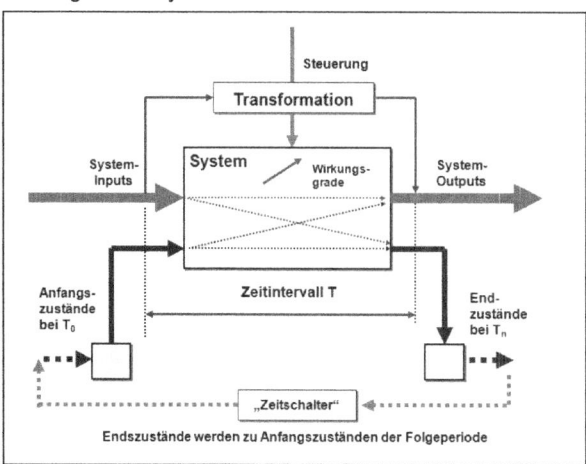

Abb. 2.22: Modell einer systemdynamischen Zustandsdarstellung

Diese Darstellung soll kurz am Beispiel eines Vorrats-Lagers erläutert werden:

Beispiel: Vorratslager

Zu Beginn einer Zeitperiode **T** (z. B. **T** = Monat) werden Ist-Bestände an Lagergütern [ME] ermittelt. Diese Ist-Bestände sind die *Anfangszustände* des Systems „Vorrats-Lager" zum Zeitpunkt T_0.

Im Verlauf der Periode **T** erfolgen sowohl *Zugänge* zum Lager (*System-Inputs*) als auch *Abgänge* (Entnahmen) vom Lagerbestand (*System-Outputs*).

Am Ende der Periode **T** werden – in der Regel über eine Inventur – die Endbestände an den Lagergütern [ME] ermittelt. Diese Ist-Bestände kennzeichnen die *Endzustände* des Systems „Vorrats-Lager" zum Zeitpunkt T_n. Dies Endzustände zum Zeitpunkt T_n werden im Weiteren zu Anfangszuständen des Systems „Vorrats-Lager" in der Periode **T + 1** usw.

Aus dem Vergleich der Anfangs- und der Endzustände kann nun analysiert werden, welche „*Dynamik*" (= Ausmaß von Zustandsänderungen) der Bewegung der Lagerbestände zugrundeliegt.

Unter „*Steuerung*" ist hier im hier betrachteten Fall die *Lagerbestandssteuerung* im Kontext zu vor- und nachgelagerten Prozessen (Beschaffung/Einkauf bzw. Leistungserstellung) zu verstehen.

Als „*Wirkungsgrade*" können im betrachteten Fall sowohl negative Wirkungen (Verluste durch Verderb, Diebstahl u. a.) als auch positive Wirkungen (z. B. Verbesserung der Qualität von Lagergütern durch „Reifen") in die Untersuchung mit einbezogen werden.

FATZER, G./MANDL; Ch. (Hrsg.): Systemdenken und Systemdynamik. ehp-Verlag, Köln 2019.

2. Wirtschaftskybernetische Modellbildung

Im Weiteren soll nun das allgemeine Modell einer systemdynamischen Zustandsdarstellung auf die Abbildung der Geschäftstätigkeit eines Unternehmens im Rahmen eines Geschäftsjahr **T** angewendet werden, wobei auf die handelsrechtlichen Vorschriften zur Verpflichtung der Unternehmen zur Erstellung eines Jahresanschlusses Bezug genommen wird.

■ Systemdynamische Zustandsdarstellung der Geschäftstätigkeit eines Unternehmens

In **§ 242 HGB** heißt es:

„(1) ^{1}Der Kaufmann (ein Unternehmen – d. Autor) hat ... für den Schluß eines jeden Geschäftsjahres einen das Verhältnis seines Vermögens und seiner Schulden darstellenden Abschluß (..., Bilanz) aufzustellen...

(2) Er hat für den Schluß eines jeden Geschäftsjahres eine Gegenüberstellung der Aufwendungen und der Erträge des Geschäftsjahres (Gewinn- und Verlustrechnung) aufzustellen.

(3) Die Bilanz und die Gewinn- und Verlustrechnung bilden den Jahresabschluß".

Weiter heißt es in **§ 252 HGB**:

*„1. Die Wertansätze in der Eröffnungsbilanz des Geschäftsjahres (Jahr **T**, d. Autor) müssen mit denen der Schlußbilanz des vorhergehenden Geschäftsjahres (Jahr **T-1**, d. Autor) übereinstimmen."*

Diese Aussagen und Bestimmungen sind inhaltlich deckungsgleich mit den Interpretationen zur allgemeinen systemdynamischen Zustandsdarstellung von Systemen. Dies soll die Darstellung in **Abb. 2.23** verdeutlichen.[28]

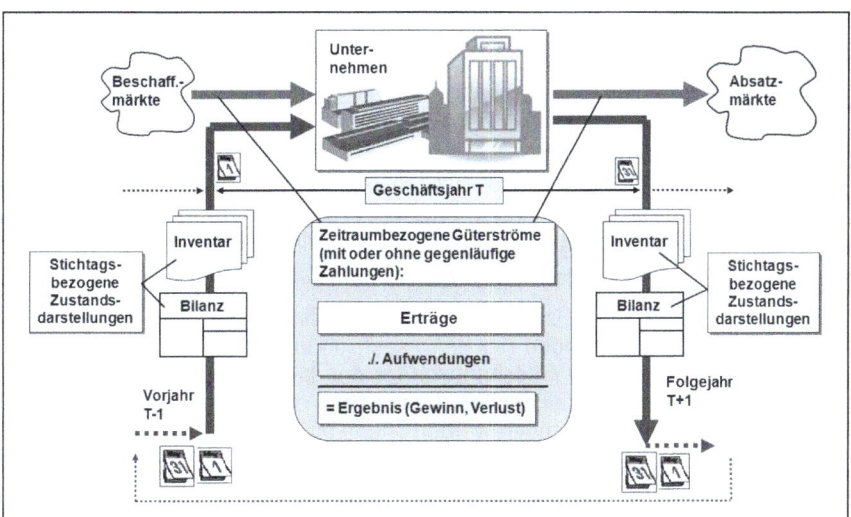

Abb. 2.23: Interpretation der systemdynamischen Zustandsdarstellung eines Unternehmens

---

[28] Siehe auch:
von KÄNEL: Betriebswirtschaftslehre. Eine Einführung, a. a. O., S.123.

Mit der gem. *§ 240 Abs. 2 HGB* verpflichtenden Erstellung eines *Inventar*s und der darauf basierenden Erarbeitung einer *Bilanz* (gem. *§ 242 HGB*) wird eine *stichtagsbezogene* Zustandsdarstellung der wirtschaftlichen Lage des betreffenden Unternehmens zum Schluss des Geschäftsjahres **T-1** vorgenommen.

Zustandsdarstellungen

Dieses Inventar und die darauf basierende Bilanz bestimmen sachlich und wertmäßig die wirtschaftliche Lage, sprich den *Anfangszustand* des Unternehms zu Beginn des Geschäftsjahres **T**.

Zum Schluss des Geschäftsjahres **T** sind wiederum ein Inventar und eine Bilanz zu erstellen, wodurch wirtschaftliche Lage, sprich der *Schlusszustand* des Unternehmens zum betreffenden Bilanzstichtag reflektiert wird.

Durch den Vergleich der Zustandsdarstellung zum *Schluss* eines Geschäftsjahres **T** mit der Zustandsdarstellung zum *Schluss* des Geschäftsjahres **T-1** (= *Start* des Geschäftsjahres **T**) kann zwar abgeleitet werden, welche *Veränderungen* im Vermögen, bei den Schulden und in Bezug auf das Eigenkapital eingetreten sind. Diese zahlenmäßig feststellbaren Veränderungen sagen aber wenig (bis gar nichts) über die *Ursachen* der ermittelten Veränderungen aus! Um nachprüfbare Aussagen zu den *Ursachen* festgestellter Veränderungen (im Vermögen, bei den Schulden bzw. beim Eigenkapital) machen zu können, gilt es, die sich im *Verlaufe eines Geschäftsjahres* zwischen dem Unternehmen und seiner Umwelt (vor allem den Märkten) vollziehenden *Güter-* sowie *Geld-/ Finanzströme* abzubilden! Dies erfolgt zum einen über das Erstellen einer *Gewinn- und Verlustrechnung* (mit Gegenüberstellung von erzielten *Erträge* zu den verursachten *Aufwendungen*) und zum anderen auch über das Erarbeiten einer *Kapitalflussrechnung* (Gegenüberstellung der periodenbezogenen *Einzahlungen* zu den periodenbezogenen *Auszahlungen*).

Zustandsveränderungen

■ **Fallbeispiel zur systemdynamischen Zustandsdarstellung der Geschäftstätigkeit eines Unternehmens**

Die hier beschriebenen betriebswirtschaftlichen Zusammenhänge sollen nun in einem *excel-basierten Fallbeispiel* nachvollziehbar verdeutlicht werden.

Die Darstellung in **Abb. 2.24** zeigt in einem Ausschnitt den Grundaufbau des entsprechenden Modells in der Datei „*12_WiKyb_Systemdynamik1_A.xlsm*".

Wichtig: Die Zusammenhänge zwischen Bilanz, Gewinn- und Verlustrechnung sowie Kapitalflussrechnung werden nur dann sachlich und rechnerisch richtig erfasst und abgebildet, wenn die Geschäftsvorfälle des laufenden Geschäftsjahres mit ihren sachlichen und numerischen Wirkungen nach den Regeln der *doppelten Buchführung* erfasst und dokumentiert werden (siehe auch **§ 243 HGB**).

Kriterien für die Richtigkeit der vorgenommenen Buchungen sind folgende zu prüfende Sachverhalte:

Prüf-Kriterien

a) Das in der *Schlussbilanz* ausgewiesene *Jahresergebnis* muss „auf den Cent" mit dem *Jahreserbenis lt. GuV-Rechnung* übereinstimmen.

b) Der in der Schlussbilanz ausgewiesene *Bestand an liquiden Mitteln* muss mit der *Addition* des *Anfangsbestands* an liquiden Mitteln und dem ermittelten *Netto-Cashflow* übereinstimmen.

2. Wirtschaftskybernetische Modellbildung

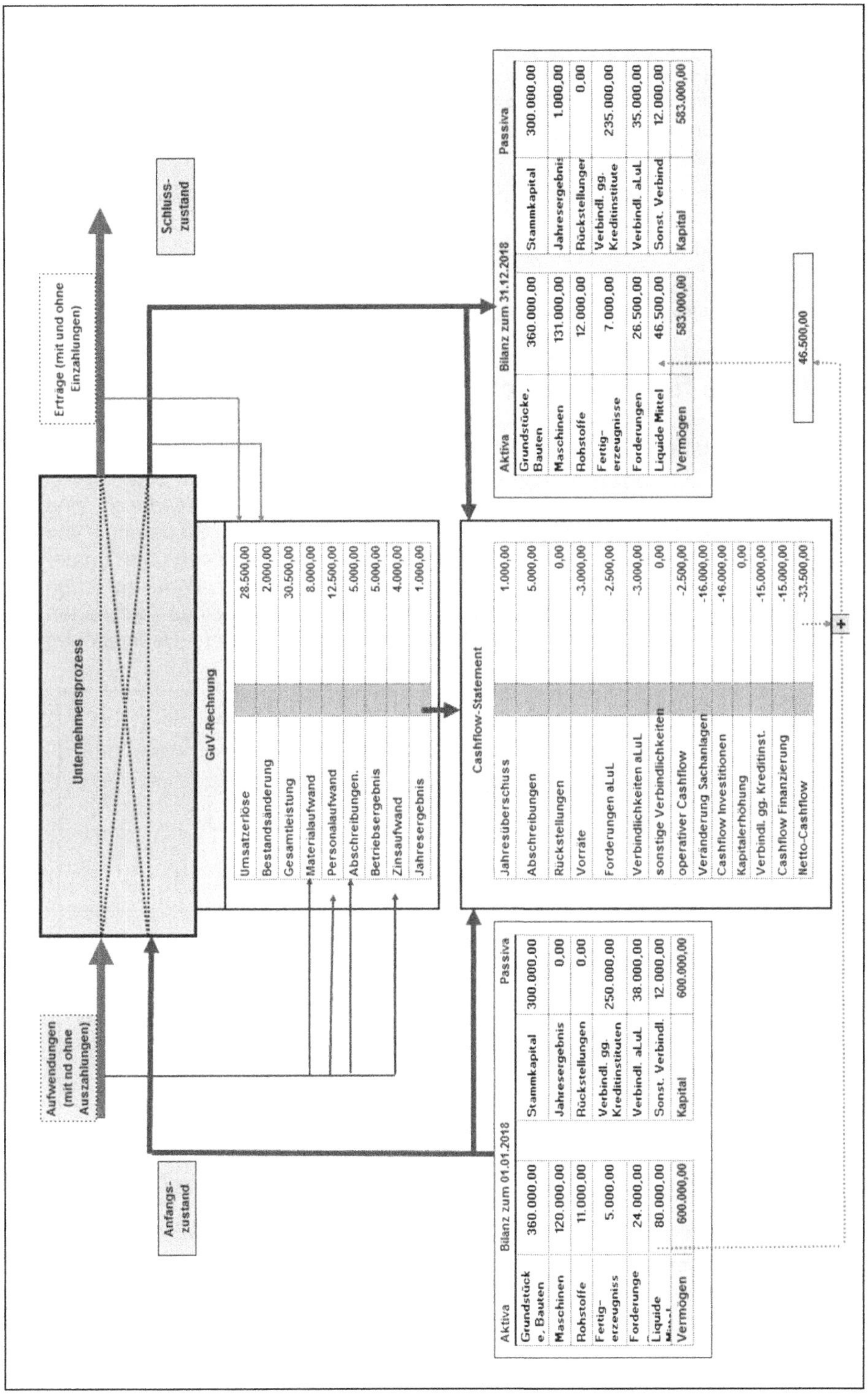

Abb. 2.24 Excelbasiertes Fallbeispiel zur systemdynamischen Abbildung eines Unternehmensprozesses

Wichtig ist ferner die Erkenntnis, dass aus dem Ausweis eines positiven Jahresergebnis nicht unbedingt auf eine gute finanzielle Lage des Unternehmens in punkto „Liquide Mittel" geschlussfolgert werden kann.

Unterschiede zwischen Gewinn und Cashflow

Dies deshalb nicht, weil beispielsweise der Verkauf von erstellten Produkten mit Zahlungsziel in der GuV zu Umsatzerlösen (= Erträge) führt, aber solange die Kunden die entsprechenden Rechnungen nicht bezahlt haben, liegt keine Einzahlung (mit Zugang zu den liquiden Mitteln) vor!

Andererseits kann ein gutes Jahresergebnis auch durch Vornahme von Abschreiben (als Aufwandsposition) erreicht werden, Abschreibungen sind aber Aufwendungen ohne Geldabfluss (Auszahlungen).

Die Musterlösung zum Fallbeispiel ist im Online-Zusatzmaterialunter unter der Bezeichnung „*13_WiKyb_Systemdynamik1_L.xlsm*" zu finden.

2.4 Modelle für das Entscheidungstraining

■ **Problemstellung**

In jedem Steuerprozess nimmt der Teilprozess "*Entscheidungsfindung*" eine zentrale Stellung ein. Dabei treten – speziell bei der Steuerung von Unternehmensprozessen – unterschiedliche *Entscheidungssituationen* auf. Immer geht es jedoch bei einer Entscheidung um das *Treffen einer Wahl zwischen mindestens zwei Handlungsmöglichkeiten* unter Beachtung eines definierten *Zielkriteriums* und der die Handlungsmöglichkeiten eingrenzenden *Bedingungen* (siehe **Abb. 2.25**).

Steuerprozess und Entscheidungen

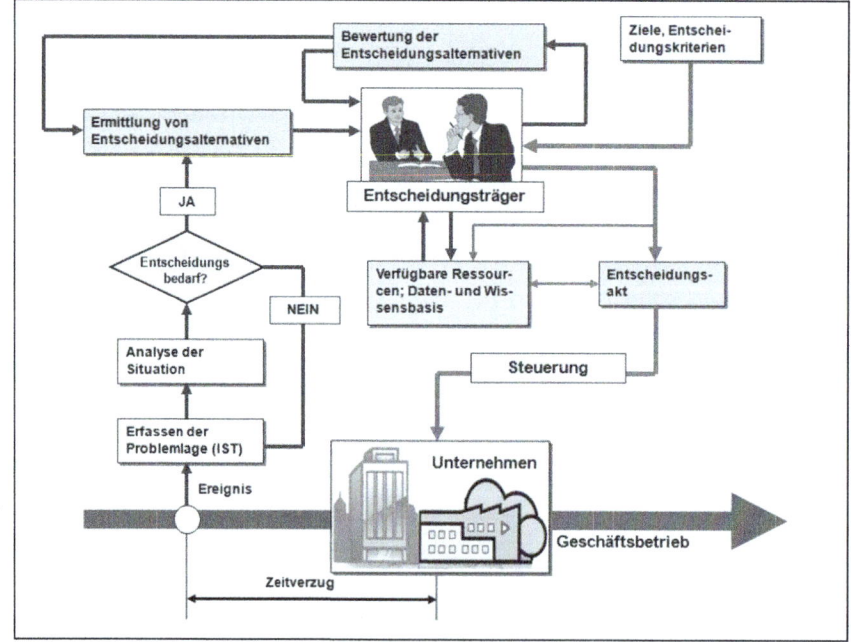

Abb. 2.25: Einordnung der Entscheidungsfindung in den Steuerungsprozess

2. Wirtschaftskybernetische Modellbildung

■ **Entscheidungsmatrix**

Während die *deskriptive* Entscheidungstheorie das Zustandekommen von Entscheidungen im Steuerungsprozess von Unternehmen untersucht, will die sog. *normative* Entscheidungstheorie klären, wie sich ein Entscheidungsträger in einer bestimmten Entscheidungssituation verhalten soll[29].

Entscheidungsmatrix

Grundlage für die Bestimmung des Verhaltens im Entscheidungs- bzw. Steuerungsprozess ist die sog. *Entscheidungsmatrix*.

Als *Entscheidungsmatrix* bezeichnen wir eine geordnete Zusammenstellung

➤ aller *Handlungsalternativen* A_i, die einem Entscheidungsträger zur Auswahl stehen (Aktionsraum bzw. Entscheidungsspielraum),

➤ die Menge der möglichen *Zustände* Z_j, die als Gegebenheiten der Umwelt oder als Folge der Aktionen oder auch als Reaktionen von Opponenten auf die jeweilige Aktion zu interpretieren sind sowie

➤ die *Ergebnismenge* $f(A_i, Z_j)$, die die Ergebnisse ("Auszahlungen") $e_{i,j}$ repräsentiert, die beim Zusammentreffen einer Aktion A_i mit einem Zustand Z_j eintreten (oder eintreten würden).

Diesen Zusammenhang soll die Darstellung in **Abb. 2.26** transparent machen:

Aktionen	Zustände				
	Z_1	Z_2	... Z_k	...	Z_n
A_1	e_{11}	e_{12}	... e_{1k}	...	e_{1n}
A_2	e_{21}	e_{22}	... e_{2k}	...	e_{2n}
... A_i ...	e_{i1}	e_{i2}	... e_{ik}	...	e_{in}
A_m	e_{m1}	e_{m2}	... e_{mk}	...	e_{mn}

Abb. 2.26: Entscheidungsmatrix (Prinzipschema)

---

[29] Vgl. ebenda.

Entscheidungsmatrix: Fallbeispiel

Um die nachfolgenden Aussagen zur Entscheidungstheorie transparenter zu machen, wollen wir folgendes Entscheidungsproblem näher untersuchen[30].

*Die Fa. MaBau-X GmbH verfüge über freie liquide Mittel in Höhe von **1,0 Mio. EUR**.*
*Um diese Mittel ertragswirksam anzulegen, stehen folgende **5** Handlungsmöglichkeiten offen:*

Nr.	Alternative	Betrag [EUR]
A1	Kauf einer Maschine **M1** Tätigen einer Termingeldanlage	600.000,00 400.000,00
A2	Kauf einer Maschine **M2** Tätigen einer Termingeldanlage	400.000,00 600.000,00
A3	Kauf einer Maschine **M1** Kauf einer Maschine **M2**	600.000,00 400.000,00
A4	Tätigen einer Finanzanlage	1.000.000,00
A5	Tätigen einer Unternehmensbeteiligung	1.000.000,00

Für welche dieser Handlungsmöglichkeiten soll sich das Unternehmen entscheiden?

Eine Antwort auf diese Frage kann ohne weitere Angaben wohl nicht gegeben werden, denn es ist nicht bekannt, welche (ertragsseitigen) Wirkungen jede dieser Aktionen hat, wobei diese Wirkungen der Aktionen sehr entscheidend davon abhängen werden, wie sich das *wirtschaftliche Umfeld*, sprich die *Konjunkturlage,* jetzt und im Vorschauzeitraum präsentiert bzw. präsentieren wird.

Wir wollen annehmen, dass wir *drei signifikante Zustände* im wirtschaftlichen Umfeld unterscheiden müssen:

Symbol	Inhalt
Z_1	Das wirtschaftliche Umfeld (= Konjunkturentwicklung) ist **ungünstig**. Eine Verbesserung zeichnet sich nicht ab.
Z_2	Das wirtschaftliche Umfeld (= Konjunkturentwicklung) ist **normal**, also weder ungünstig, noch besonders günstig. Diese Situation wird sich voraussichtlich nicht ändern.
Z_3	Das wirtschaftliche Umfeld (= Konjunkturentwicklung) ist **sehr günstig**, es wird viel nachgefragt. Diese Situation wird sich voraussichtlich nicht ändern.

---

[30] Siehe auch: HEINEN, E.: Industriebetriebslehre. Entscheidungen im Industriebetrieb. Gabler-Verlag, Wiesbaden 1991. DIEDERICH, H.: Allgemeine Betriebswirtschaftslehre. Verlag W. Kohlhammer, Stuttgart 1992.
von KÄNEL, S.: Betriebswirtschaftliche Instrumente für Ingenieure, a. a. O.

2. Wirtschaftskybernetische Modellbildung

Die Frage ist nun, welche *ertragsseitigen Ergebnisse* das Unternehmen erzielen kann, wenn eine Aktion A_i unter den Bedingungen des Zustandes Z_k wirksam gemacht wird.

Wir wollen annehmen, dass bei einer Maschinennutzungs- bzw. Anlagedauer von jeweils zwei Jahren folgendes Endvermögen erreicht werden kann (siehe **Abb. 2.27**):

Aktionen	Zustände		
	Z_1	Z_2	Z_3
A_1	484.000,00	1.084.000,00	1.684.000,00
A_2	726.000,00	1.126.000,00	1.526.000,00
A_3	0,00	1.000.000,00	2.000.000,00
A_4	1.210.000,00	1.210.000,00	1.210.000,00
A_5	500.000,00	1.000.000,00	1.500.000,00

Zahlenbeispiel

Abb. 2.27: Entscheidungsmatrix (Zahlenbeispiel)

Auch wenn nun konkrete Aussagen über die voraussichtlichen Wirkungen der Aktionen vorliegen, kann noch *keine Entscheidung* getroffen werden, denn es liegt auf der Hand, dass die Entscheidung – je nach *Zustand* Z_k – unterschiedlich ausfallen wird.

In der Entscheidungstheorie werden in diesem Zusammenhang folgende *drei Situationen* unterschieden:

Entscheidungssituationen

Nr.	Bezeichnung	Merkmale
1	Entscheidung unter *Sicherheit*	Es ist **bekannt**, welcher Zustand Z_k vorliegt. Es liegt eine *Entscheidungssituation mit vollkommener Information* vor.
2	Entscheidung unter *Risiko*	Es ist **nicht** bekannt, welcher Zustand Z_k vorliegt. Es können hierzu jedoch Angaben in Grenzen von **Wahrscheinlichkeiten** gemacht werden. Es liegt eine *Entscheidungssituation unter Risiko* vor.
3	Entscheidung unter *Ungewissheit*	Es ist **nicht** bekannt, welcher Zustand Z_k vorliegt. Es können hierzu auch **keine** Wahrscheinlichkeitsangaben gemacht werden. Es liegt eine *Entscheidungssituation unter Unsicherheit* vor.

In der Excel-Datei „*14_WiKyb_Entscheidung1.xlsm*" werden zu diesem Fallbeispiel alle Daten bereitgestellt, um einen Lösungsansatz für die jeweilige Entscheidungssituation zu finden.

Zugleich werden dieser Datei weitere Fallbeispiele speziell für Entscheidungen unter Risiko zu Bearbeitung angeboten.

Weitere Beispiele

Eines dieser weiteren Fallbeispiele soll hier in seinem inhaltlichen Bezug kurz vorgestellt werden.

■ **Entscheidungsbaum**

Um als Unternehmen im marktwirtschaftlichen Leistungs- und Preiswettbewerb bestehen und stabile Umsätze generieren zu können, gilt es, Kunden immer wieder mit neuen bzw. weiterentwickelten Produkten zu überzeugen. Dies hat zur Konsequenz, dass insbesondere Finalproduzenten der betrieblichen Funktion „*Produktentwicklung*" einen hohen Stellenwert beimessen müssen.

Beispiel „Produktentwicklung"

Dazu ein *Fallbeispiel*:

Das Unternehmen *MaBau-X GmbH* will eine neues Produkt entwickeln und auf den Markt bringen. Folgende Daten seien hierzu bekannt:	
Kosten der Entwicklung [1000 EUR]	80,0
Kosten eines Test-Produkts [1000 EUR]	8,0
Umsatz bei vollem Markterfolg [1000 EUR]	400,0
Wahrscheinlichkeit, dass die Entwicklung eine voller Erfolg wird [%]	60,0
Wahrscheinlichkeit, dass das Test-Produkt gut angenommen wird [%]	60,0
Wahrscheinlichkeit, dass die Entwicklung und Herstellung bei positivem Test (Test-Produkt) ein Erfolg wird.	80,0
Wahrscheinlichkeit, dass die Entwicklung und Herstellung des Produkts bei negativem Test (Test-Produkt) dennoch ein Erfolg wird.10,0	10,0

Aufgabe: Es ist ein *Entscheidungsbaum* zu entwickeln, der es erlaubt, eine sinnvolle Entscheidung - je nach der von (veränderbaren) Wahrscheinlichkeiten abhängigen Situation - zu treffen und zu begründen!

In der bereits benannten Excel-Datei „*14_WiKyb_Entscheidung1.xlsm*" wird hierzu der in **Abb. 2.28** dargestellte Lösungsansatz vorgegeben. Die Daten sind vom Bearbeiter der Datei einzugeben. Die zugehörige Lösung kann dann eingeblendet werden.

Wichtig ist, dass die excelbasierte Lösung es erlaubt, die Ausgangsdaten zu den benannten Wahrscheinlichkeiten über „Drehfelder" zu variieren, so dass – bei vollständiger rechnerischer Lösung der Aufgabe – erkannt werden kann, bei welchen Wahrscheinlichkeits-Werten der Erfolg von „Gewinn" in „Verlust" gewissermaßen „kippt".

2. Wirtschaftskybernetische Modellbildung

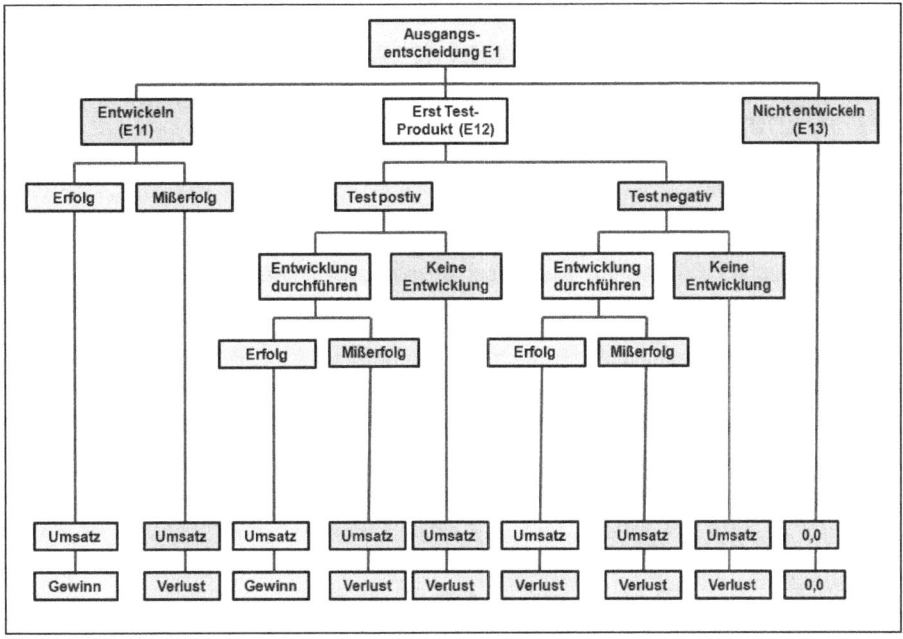

Abb. 2.28: Muster eines Entscheidungsbaums zu einer Produktentwicklung

2.5 Weitere Fallbeispiel im Online-Zusatzmaterial

Die Datei „*WiKyb-Excel.zip*" im Online-Zusatzmaterial zu diesem Buch enthält weitere Excel-Dateien mit Fallbeispielen zu volks- und betriebswirtschaftlichen Themen, die für eine interaktive Bearbeitung (mit Zugang zu Musrerlösungen) aufbereitet sind.

Die nachstehende Tabelle gibt hierzu eine Übersicht:

Nr.	Datei	Nr.	Datei
1	15_WiKyb_Beschaffungsprozesse.xlsm	6	20_WiKyb_Investitionsrechnung.xlsm
2	16_WiKyb_ABC_Analyse.xlsm	7	21_WiKyb_Optimierung1.xlsm
3	17_WiKyb_Break_even1.xlsm	8	22_WiKyb_Optimierung2.xlsm
4	18_WiKyb_VWL_Preise.xlsm	9	23_WiKyb_Warteschlange.xlsm
5	19_WiKyb_Prozesssteuerung1.xlsm	10	24_WiKyb_Strat_Bilanz.xlsm

3. Wirtschaftskybernetik und Controlling

3.1 Controlling: Inhalt, Merkmale

■ **Einordnung**

Die Realisierung des Geschäftsbetriebes eines Unternehmens durch den Vollzug der betrieblichen Funktionen wie Beschaffung, Leistungserstellung, Absatz und andere bedarf zwingend einer *Führung*, die ihrerseits *Ziele* setzt, das arbeitsteilige Handeln der Bereiche des Unternehmens *organisiert, plant, koordiniert* und damit *steuert* und die zugleich die erreichten Ergebnisse *kontrolliert* und *analysiert*. Diese Aufgabe ist durch das *Management* des Unternehmens - im Sinne einer zweckbestimmten, zielgerichteten *Unternehmensführung* - wahrzunehmen.

Einordnung des Managements

Die *sachbezogene Funktion* des Managements kann dabei sehr anschaulich durch den sog. *Management-Regelkreis* veranschaulicht werden (siehe **Abb. 3.1**).[31]

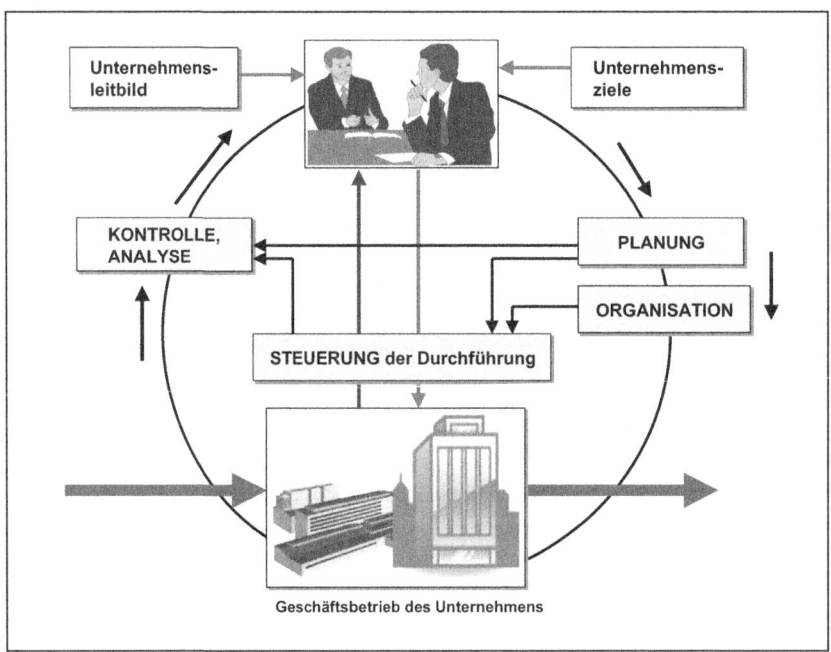

Abb. 3.1: Management-Regelkeis

In diesem Regelkreis hat das *Controlling* vor allem an *zwei Stellen* sein spezielles Betätigungsfeld:

Zum einen geht es um die *instrumentelle Unterstützung* des Aufgabengebietes der *Unternehmensplanung* (= *feed-forward-Steuerung*) und zum anderen um die Mitwirkung bei allen Aufgaben der betriebswirtschaftlich orientierten *Kontrolle* und

---

[31] Vgl. von KÄNEL, S.: Betriebswirtschaftslehre. Eine Einführung. a. a. O.

© Springer Fachmedien Wiesbaden GmbH, ein Teil von Springer Nature 2020
S. von Känel, *Arbeitsbuch zu Betriebswirtschaftslehre – Eine Einführung*,
https://doi.org/10.1007/978-3-658-27900-4_3

3. Wirtschaftskybernetik und Controlling

Analyse der erzielten Ergebnisse im Vollzug der Geschäftstätigkeit von Unternehmen (= *feed-back-Funktion*).

Diese Einordnung des Controllings leitet sich aus Folgendem ab:

Hauptanliegen des Controllings und der ausführenden *Controller-Dienste* ist es, das Management des Unternehmens vor allem durch die Aufbereitung, Ermittlung und Auswertung *betriebswirtschaftlicher Kennzahlen* sowie durch Bereitstellung entsprechender *Planungs-, Steuerungs- und Analyseinstrumente* im jeweiligen Entscheidungsprozess zu unterstützen (siehe **Abb. 3.2**).[32]

Hauptanliegen des Controllings

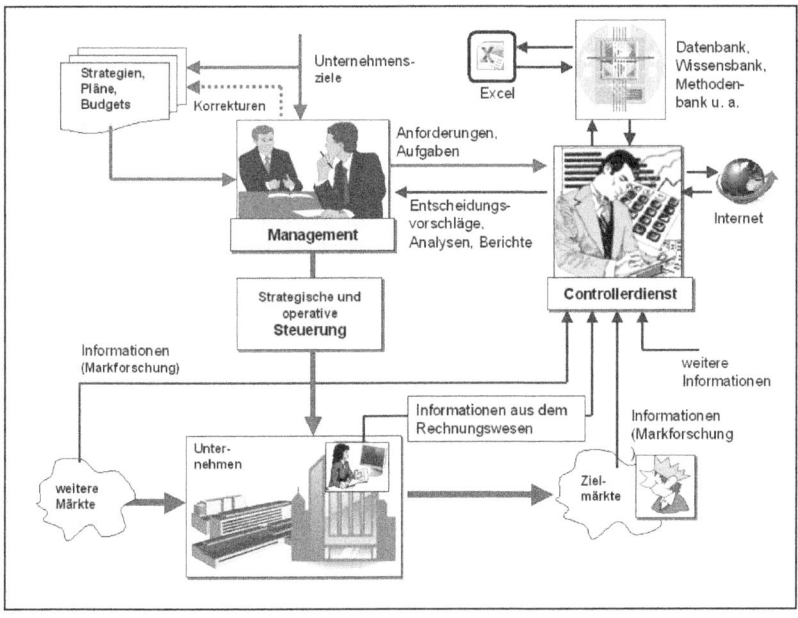

Abb. 3.2: Zur Unterstützung des Managements durch Controller-Dienste

Somit lässt sich feststellen:

> Unter **Controlling** ist der gesamte Prozess der *betriebswirtschaftlich* orientierten *Zielfestsetzung, Planung, Steuerung* und *Kontrolle* der leistungs- und finanzwirtschaftlichen Vorgänge im Geschäftsbetrieb von Unternehmen und anderen Organisationen zu verstehen.
> Controlling wird von *Führungskräften* betrieben, da nur sie *Ziele setzen* und *Entscheidungen* zur Planung und Steuerung der Prozesse in ihrem Verantwortungsbereich treffen.
> Um jedoch ein effizientes Controlling betreiben zu können, bedarf es einer engen Zusammenarbeit von Führungskräften und *Controllern* sowie mit entsprechenden *Controllerdiensten*.

Controlling: Begriffsbestimmung

Damit ist bereits der wichtige Bezug zur Wirtschaftskybernetik hergestellt, denn der Terminus „Controlling" leitet sich vom englisches Wort „*to control*" ab, was inhaltlich mit "*steuern = zielgerichtet Einfluss nehmen*" zu übersetzen ist!

---

[32] Vgl. ebenda.

▪ Strategisches und operatives Controlling

Das Aufgabenfeld des Controllings hat dabei eine strategische und eine operative Dimension.[33]

Die *strategische Dimension* - als Kennzeichen des *strategischen Controllings* - bezieht sich darauf, die - im Hinblick auf den Markt und die Kunden - *richtigen Aufgaben* zu bearbeiten.

Strategisches Controlling

Die *operative Dimension* - als Kennzeichen des *operativen Controllings* - verfolgt demgegenüber das Ziel, die ausgewählten Aufgaben *betriebswirtschaftlich richtig* zu erledigen (siehe **Abb. 3.2**, blaue Pfeile = Informationsfluss; rote Pfeile = Steuerfluss).

Operatives Controlling

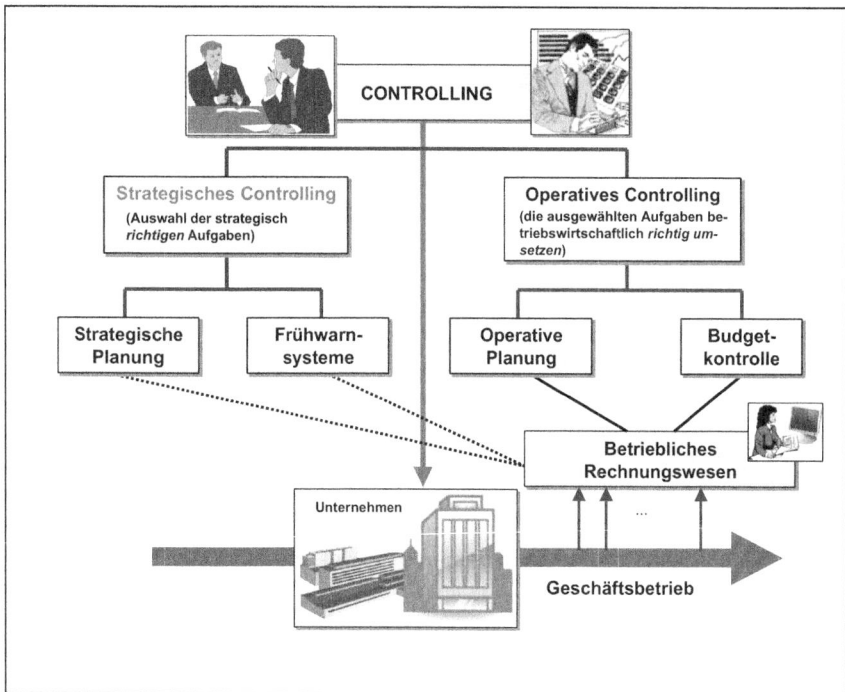

Abb. 3.3: Zur Einheit von "feed forward" und "feed back" im Controlling

---

[33] Vgl. ebenda sowie
GRAUMANN, M.: Controlling: Begriff, Elemente, Methoden und Schnittstellen. NWB-Verlag, Herne 2018,
HORVATH, P. Controlling. Verlag Vahlen, München 2015,
HUBERT. B.: Grundlagen des operativen und strategischen Controllings. Springer-Gabler Verlag, Wiesbaden 2019,
WEBER, J./SCHÄFFER, U./BINDER, Ch.: Einführung in das Controlling. Schäffer-Poeschel Verlag, Stuttgart 2016,
von KÄNEL, S.: Lernsoftware "Controlling", Dresden 2018,
ZIEGENBEIN, K.: Controlling. Kiehl Verlag, Herne 2012.

3. Wirtschaftskybernetik und Controlling

■ Ziele und Merkmale des Controllings

Die Unterstützung des Managements durch das Controlling zielt vor allem darauf ab,

Ziele des Controllings

- die im Unternehmen vorhandenen *Erfolgs-Potenziale* zu erkennen und auszuschöpfen, um über diesen Weg
- wichtige Voraussetzungen für die *langfristige Sicherung der Funktions- und Zukunftsfähigkeit* des Unternehmens zu schaffen und dabei
- den *Erfordernissen hoher Wirtschaftlichkeit* und *Rentabilität* sowie ausreichender *Liquidität* im praktischen Handeln des Unternehmens lang-, mittel- und kurzfristig Rechnung zu tragen.

Unter diesen Aspekten wird versucht, über folgende Vorgehens- und Betrachtungsweisen umzusetzen:[34]

Vorgehensweisen

(a) Zielorientierung

Controlling anwenden heißt vor allem: "*Setzen Sie Ziele!*" und "*Machen Sie ein Budget!*"

Ziele setzen heißt:

- Orientierungen geben,
- Anreize zur Mobilisierung der Leistungspotenziale vermitteln,
- Wichtiges von weniger Wichtigem selektieren und
- Grundlagen für SOLL-IST-Vergleiche schaffen.

(b) Engpassorientierung

Ein wichtiges Ziel in der praktischen Anwendung des Controllings besteht darin herauszufinden, welche *Engpässe* im Unternehmen die Leistungsausbringung begrenzen, denn "*eine Kette ist so stark wie ihr schwächstes Glied*". Gelingt es, "das schwächste Glied" stärker zu machen, kann die Leistungsausbringung in der Regel überproportional gesteigert werden.

(c) Beeinflussungsorientierung

Für das Controlling sind die Fragen "*Was war?*", "*Was ist?*" oder "*Was wird sein?*" zwar auch von Interesse, aber der entscheidende Aspekt liegt aber immer auf der Frage "*Was können bzw. müssen wir wie, wann und wo beeinflussen (= steuern), um das Erreichen der vorgegebenen strategischen oder operativen Ziele zu sichern?*"

Wenn somit durch Controllerdienste Informationen für das Management des Unternehmens aufzubereiten sind, dann darf mit diesen Informationen nicht nur ein Sachverhalt beschrieben werden, sondern es muss immer erkennbar sein, ob und in welcher Hinsicht aus diesem Sachverhalt ein *Entscheidungs-* bzw. *Handlungs-*

---

[34] Vgl. von KÄNEL, S.: Betriebswirtschaftslehre. Eine Einführung, a. a. O., Abschnitt 5.7.

bedarf entsteht, welche *Alternativen* sich hierbei anbieten, welche *Anforderungen* an den Ressourceneinsatz dabei entstehen und mit welchen möglichen *Wirkungen* und *Folgen* der Entscheidung bzw. Handlung zu rechnen ist.

(d) Einheit von „*feed forward*" und „*feed back*"

Controlling versteht sich – wie in Abb. 3.3 angegeben - zunächst als "*feed-forward*"-Orientierung, umgesetzt über die Funktionen der *strategischen* und *operativen Planung* in Einheit mit der *Budgetierung*.

Jede Planung ist aber letztlich illusionär, wenn sie sich nicht an erkennbare Gegebenheiten hält, die den jeweiligen Planungsgegenstand und den Planungszeitraum betreffen.

Planung muss immer eine Einheit mit der *Kontrolle* (des Erreichten) bzw. mit Situationsanalysen zum absehbar Künftigen bilden.

Diese "*feed-back*"-Orientierung ist im strategischen Controlling mit dem Aufgabenfeld der "*Früherkennung/Frühwarnung*" und im operativen Controlling mit dem Aufgabenfeld der *Budgetkontrolle* verbunden.

Weitere Details zum Inhalt und Anwendungsscherpunkten des Controllings sind den angegeben Quellen zu entnehmen.

Im Weiteren soll – gemäß dem Anliegen dieses Buches – noch einmal auf die Bedeutung der Anwendung wirtschaftskybernetischer Herangehensweisen bei der Stärkung der instrumentellen Basis des Controllings eingegangen werden.

3.2 Nutzung der Herangehensweise der Wirtschaftskybernetik im Controlling

■ **Kybernetische Ausrichtung der Kennzahlenmodelle**

Informationsgrundlage für Steuerprozesse sind im hier betrachteten Bereich der Wirtschaft vor allem *Kennzahlen* (siehe hierzu auch die Ausführungen im Abschnitt 2.2.1 des Buches, insbesondere Abb. 2.02).

In diesem Kontext wird in der Fachliteratur das Anliegen des Controllings daher oft auch so definiert:[35]

"*Führungsinstrument Controlling - das Unternehmen mit Kennzahlen steuern!*"

---

[35] Siehe zum Beispiel:
KOWALSKI, S.: Betriebliche Kennzahlen: Planung - Controlling - Reporting. C. H. Beck Verlag, München 2014.
KRÜGER, G. H.: Mit Kennzahlen Unternehmen steuern: Praxisleitfaden für Unternehmer und Berater. NWB-Verlag, Herne 2014.
REICHMANN, Th.: Controlling mit Kennzahlen: Die systemgestützte Controlling-Konzeption.
Verlag Vahlen, München 2017.

3. Wirtschaftskybernetik und Controlling

Damit betriebswirtschaftliche Kennzahlen diese ihnen zugeordnete Funktion im Managementsprozess von Unternehmen erfüllen können, muss gesichert werden, dass die erarbeiteten Kennzahlen mindestens die in nachstehender Tabelle aufgeführten Anforderungen erfüllen.[36]

Anforderungen an Kenn-zahlen

Tabelle 3.1: Anforderungen an betriebswirtschaftliche Kennzahlen

Nr.	Anforderung	Anmerkungen
1	Kennzahlen müssen den relevanten Tatbestand bzw. Sachverhalt **wahrheitsgemäß** und **ordnungsgemäß** widerspiegeln. Sie müssen **verlässlich** sein und die Sachverhalte **objektiv**, das heißt unbeeinflusst von subjektiven Meinungen reflektieren.	Angaben - beispielsweise zur "Wirtschaftlichkeit" - nützen wenig, wenn die zugehörigen Berechnungen die gegebene Situation nicht wahrheits- und ordnungsgemäß reflektieren. Wenn hier zudem keine Aussage dazu gemacht wird, inwieweit Preiseinflüsse bei der Ermittlung der Kennzahl berücksichtigt wurden, ist die Zahlenangabe auch kaum verlässlich.
2	Kennzahlen müssen den relevanten Tatbestand bzw. Sachverhalt **aktuell (ohne großen Zeitverzug)** widerspiegeln.	Werden Ist-Werte zu Kennzahlen wie "Kosten", "Leistung" und dgl. nicht unverzüglich nach Abschluss einer Periode (z. B. Monat, Quartal) ermittelt, entsteht faktisch nur "Archivmaterial", das für praktisches Handeln kaum Bedeutung hat.
3	Kennzahlen sollen nicht nur einen Tatbestand bzw. Sachverhalt widerspiegeln, sondern auch **Ursache-Wirkung-Zusammenhänge** verdeutlichen.	Dies ist vor allem bei Abweichungsanalysen von besonderer Bedeutung.
4	Kennzahlen sollen - außer Zusammenhängen - auch **Entwicklungen** verdeutlichen. .	In die Kennzahlenauswertung sind immer **mindestens zwei Perioden** einzubeziehen, damit eine Entwicklung zu erkennen ist.
5	Kennzahlen sollen zugleich **entscheidungsorientiert** aufbereitet werden.	Dies ist mit die wichtigste Anforderung, siehe die Ausführung zu den Kennzahlen-Modellen in Abschnitt 2.2. des Buches.
6	Kennzahlen müssen inhaltlich **verständlich** und ihre Berechnung muss sachlich **nahvollziehbar** sein.	Eine im Kontext zur Bilanzanalyse gemachte Aussage wie *"Das "Working capital sollte mindestens 30 % der Current assets betragen."* wird sicherlich nicht gleich verständlich sein. Der Bezug auf englische Termini ist nicht immer hilfreich.
7	Kennzahlen und speziell Kennzahlensysteme müssen das Kriterium der **Konsistenz** erfüllen.	Kennzahlen, die auf einer Zusammenstellung von Einzelinformationen beruhen, müssen konsistent (**"in-sich-stimmig"**) sein. Dies ist besonders bei der Bildung von Kennzahlen im Rahmen der Jahresabschlussanalyse zu beachten.

---

[36] Vgl. auch: von KÄNEL, S.: Lernsoftware „Controlling", Dresden 2018 (siehe auch: https://kybernetik.online, Kapitel 4.
PROBST, H.-J.: Kennzahlen richtig anwenden und interpretieren. Redline Verlag, München 2012.

Soweit, so gut. Was der *Wirtschaftskybernetiker* an den Ausführungen zu Kennzahlen und ihrer Anwendung im Managementprozess von Unternehmen allerdings zu bemängeln hat, ist der Tatbestand, dass sowohl in der *Erläuterung* von Kennzahlen (für den Lernenden) als auch bei der *Darstellung der Nutzung von Kennzahlen* für Steuerungsprozesse im Unternehmen vieles „verschenkt" wird.

Dazu folgende Anmerkungen:

Der kybernetische Ansatz einer plausiblen, *visualisierten* Veranschaulichung der Ursache-Wirkung-Zusammenhänge in Kennzahlensystemen mittels *Blockschaltbildern* bzw. *Signalflussdiagrammen*, die zudem *Berechnungen (unter MS Excel)* zulassen, findet in der einschlägigen Fachliteratur keine Reflexion.[37]

Beitrag der Wirtschaftskybernetik

Dies hat unter anderem zur Folge, dass ein wichtiges inhaltliches Anliegen der Berechnung und Auswertung von Kennzahlen nicht ausreichend Berücksichtigung findet, nämlich das „optische" Sichtbarmachen, über welche *Steuergrößen* die Werte der interessierenden Zielgröße beeinflusst werden können und wie *„empfindlich"* die Zielgröße auf Änderungen der Werte der Steuergrößen reagiert.[38]

Dabei bietet das Kalkulationsprogramm *MS Excel* – wie in den Dateien im Online-Zusatzmaterial zu diesem Buch gezeigt – alle benötigten Features, Funktionen und Pogrammierhilfen an, um visualisierte rechen- und simulationsfähige Kennzahlenmodelle zu erstellen und praktisch nutzbar zu machen.

■ **Beachtung von Störeinflüssen**

Alle realen Prozesse, so auch in der Wirtschaft, unterliegen vielfältigen system-externen wie system-internen Einflüssen, darunter solchen Einflüssen, die in Bezug auf *Art*, *Zeitpunkt* des Auftretens und *Dauer* der Wirkung mehr oder weniger *zufällig* sind und die üblicherweise als *Störgrößen* bezeichnet werden.

Beachtung von Störungen

Diesen Fakt (Auftreten von Störgrößen) kann man bei Darstellungen zu Controllingthemen entweder „übersehen" oder aber – der Vorgehensweise der Kybernetik folgend – explizit zur Kenntnis nehmen und entsprechend in die betreffenden Untersuchungen einbeziehen.

Wie das in excelbasierten Modellen (mit Controlling-Bezug) geschehen kann, wird im Online-Zusatzmaterial zum vorliegenden Buch in einigen Fallbeispielen demonstriert.[39]

■ **Ausgestaltung von Controlling-Systemen mit wirksamen Rückkopplungsprozessen**

Dass speziell im Aufgabenbereich des operativen Controllings die Anwendung des *Rückkopplungsprinzips* (*feed-back*-Konzept) eine unverzichtbare Komponente der Ausgestaltung von Controlling-Systemen ist, wird seit den ersten Publikationen zu

---

[37] Dies trifft beispielsweise auch für die Excel-Dateien in dem ansonsten so wichtigen Ratgeber „Excel im Controlling" (Rheinwerk Computing , Bonn 2019) zu!
[38] Siehe hierzu die Excel-Dateien zu den im Abschnitt 2.2 des Buches behandelten Fallbeispielen (ROI-Kennzahlensystem, Leverage-Modell, WACC-Modell u. a.).
[39] Siehe zum Beispiel die Excel-Dateien zum DuPont-Kennzahlensystem, zu Beschaffungsprozessen und zur Prozesssteuerung.

3. Wirtschaftskybernetik und Controlling

diesem Thema stets hervorgehoben und entsprechend betont, auch wenn dabei meist kein expliziter Bezug zur Kybernetik erfolgt.

Dennoch gilt auch in diesem Zusammenhang, dass bei der Entwicklung und Darstellung von Controlling-Systemen viel am Ausnutzen einschlägiger kybernetischer Erkenntnisse zu wirksamen Kontroll- und Steuerungssystemen „verschenkt" wird. Betrachten wir dazu ein Beispiel:

Beispiel Budgetierung

Im *operativen Controlling* in Unternehmen spielt die Erarbeitung, die wechselseitige Abstimmung sowie die verbindliche Vorgabe von *Budgets* sowie die damit verbundene *Budgetkontrolle* eine besondere Rolle.[40] Dadurch können folgende Wirkungen ausgelöst werden:

 - Orientierung der Arbeit im jeweiligen Verantwortungsbereich an den Zielen des Unternehmens als Ganzes mit Konzentration auf jene Schwerpunkte, die für die Entwicklung des Unternehmens entscheidend sind,
 - Entwicklung von Anreizen zur Über- bzw. Unterbietung der Vorgabegrößen,
 - Sicherung eines koordinierten Handelns im arbeitsteiligen Prozess des Unternehmens,
 - Ausgestaltung eines wirksamen Soll-Ist-Vergleichs im *Rückkopplungsprozess*, verbunden mit einer sachbezogenen Auseinandersetzung im Falle von Über- oder Unterschreitungen des Budgets u. a. m.

Eine kybernetisch orientierte Visualisierung des Zusammenhangs von Budgetierung und Budgetkontrolle – als Rückkopplungsprozess – zeigt die Darstellung in **Abb. 3.04**.

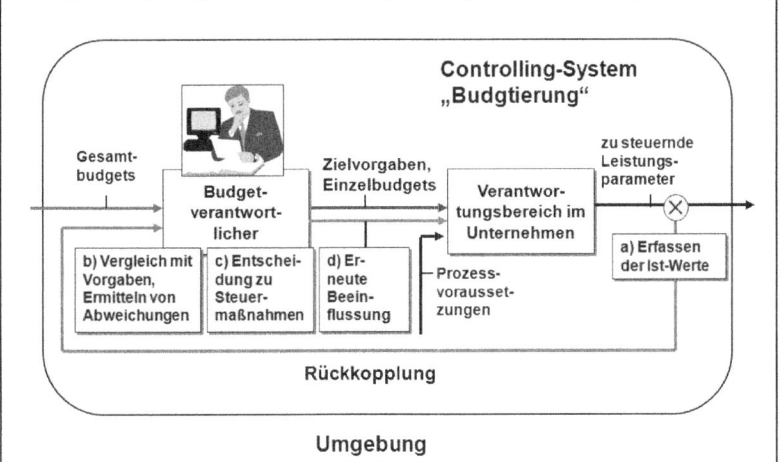

Budgetierung und Budgetkontrolle

Abb. 3.04: Budgetierung und Budgetkontrolle als Prozess der Steuerung mit Rückkopplung

---

[40] Siehe zum Beispiel:
GLEICH, R./KAPPES, M.: Planung, Budgetierung und Forecasting - inkl. Arbeitshilfen online: Innovative und digitale Instrumente für die Unternehmenssteuerung. Haufe Verlag, Freiburg 2019.
RIEG, R.: Planung und Budgetierung: Was wirklich funktioniert. Springer-Gabler Verlag, Wiesbaden 2015.

Der Grundprozess der Budgetkontrolle umfasst dabei die vier Teilvorgänge eines typischen Rückkopplungsprozesses:

a) *Erfassen der Ist-Werte* zu den zu steuernden Leistungs- und Ergebnisparametern (z. B. Leistungsmenge, Arbeitsfortschritt, Termine, Kosten und dgl.),
b) *Vergleich* der erfassten Ist-Werte mit den zugehörigen Budgetgrößen und Ermittlung möglicher Abweichungen,
c) Im Falle festgestellter Abweichungen: *Treffen einer Entscheidung*, ob ein Eingriff in den Arbeitsprozess im jeweiligen Verantwortungsbereich erforderlich ist und – wenn „Ja" – in welcher Weise, mit welchen Maßnahmen und mit welcher „Stärke" dies erfolgen soll oder kann,
d) *Umsetzen der Entscheidung* als erneute Einflussnahme auf die Arbeit im jeweiligen Verantwortungsbereich.

Abweichungen zwischen den Ist- und Sollwerten der Budgetparameter werden dann eintreten, wenn die Arbeitsprozesse im jeweiligen Verantwortungsbereich bestimmten internen und/oder externen *Störeinflüssen* unterliegen (Beispiele: Verzögerte Bereitstellung benötigter Prozessvoraussetzungen von vorgelagerten Bereichen, Ausfall von Mitarbeitern wegen Krankheit, Ausfall benötigter Arbeitsmittel, Beheben festgestellter Qualitätsmängel u. a.).

Da der Rückkopplungsprozess immer erst nach Feststellen von signifikanten Soll-Ist-Abweichungen bei der zu steuernden Hauptgröße einsetzt, kann es im praktischen Fall für ein „Gegensteuern" schon zu spät sein (Beispiel: Eine Abweichung der Ist-Kosten von der zugehörigen Sollgröße wird erst nach Vorliegen der Monatsabrechnungen zum 10. Tag des Folgemonats ermittelt).

Um den Rückkopplungsprozess im hier betrachteten Beispiel der Budgetkontrolle noch wirksamer zu gestalten, können folgende Ergänzungen des Steuerungskonzept vorgenommen werden (siehe **Abb. 3.05**):

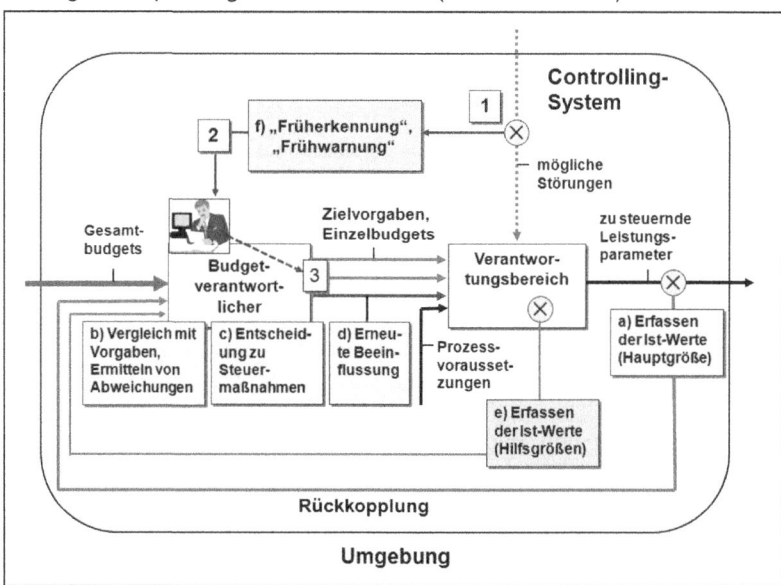

Abb. 3.05: Verbesserter Rückkopplungsprozess

3. Wirtschaftskybernetik und Controlling

> *Nutzung von Hilfsgrößen*, die eine schnellere Beurteilung der Situation im zu steuernden Prozess erlauben, ehe Ist-Werte zur Hauptsteuergröße vorliegen. Derartige Hilfsgrößen können beispielsweise Zwischenabrechnungen zu laufenden Aufträgen bzw. Arbeitsaufgaben liefern, wobei man sich vordergründig auf eine Einschätzung des erreichten Arbeitsfortschritts und des bislang getätigten Zeitaufwandes stützt, ehe nachfolgend Istwerte für die eigentlich zu steuernden Hauptgrößen wie "Leistung" bzw. "Kosten" bereitgestellt werden können.

> *Einordnung von Frühwarnungen*, speziell zu möglichen Störquellen. Der Grundgedanke dieses Vorgehens besteht darin, die Kraft im Steuerprozess nicht allein darauf zu konzentrieren, die *Auswirkungen* von Störungen zu kompensieren, sondern zu versuchen, potenzielle Störungen bereits im Ansatz ihres Auftretens zu erkennen und ein Wirken auf den zu steuernden Prozess abzuwehren.

Damit kann zugleich der Übergang zu einer *selbstanpassenden Steuerung* der Arbeitsprozesse vollzogen werden, denn eine adaptive (selbstanpassende) Steuerung basiert auf folgenden Aktivitäten:[41]

Übergang zur selbstanpassenden Steuerung

(1) *Identifikation* zu einer Problemsituation (hier Untersuchung typischer Störquellen und Störursachen),

(2) Auswertung der Ergebnisse der Identifikation und *Treffen einer Entscheidung* zur Verbesserung des betreffenden Steuerungsprozesses und

(3) Umsetzen der Entscheidung im Sinne einer *Modifikation* der angewendeten Steuerungsmethoden.

Eine solche selbstanspassende Steuerung kann im Beispiel der Budgetierung dann vorgenommen werden, wenn erkannt wird, dass das gewählte „Anreizsystem" in der individuellen oder kollektiven Mitarbeiterbewertung nicht zu den gewünschten Erfolgen geführt hat.[42]

■ Ausgestaltung selbstoptimierender Controlling-Systeme

Kernaufgabe in jedem Managementprozess, gleich in welchem Bereich oder auf welcher Ebene, ist das *Treffen und Umsetzen von Entscheidungen* zur Gewährleistung des stabilen Funktionsvollzugs in den zu steuernden Basisprozessen, auch wenn Störungen diese Prozesse beeinflussen.

Dabei ist zu beachten: Je komplexer und komplizierter die zu steuernden Basisprozesse sind und je größer der Maßstab ihrer "Performance" ist, desto größer wird das Gewicht sein, das der steuernden Einflussnahme auf diese Prozesse zukommt und umso gründlicher muss dann aber auch die Vorbereitung und das Treffen einer anstehenden Entscheidung im Steuerprozess wahr genommen werden, mit all den Konsequenzen, die sich daraus für die Bereitstellung der hierfür benötigten Informationen ergeben!

Hinzu kommt Folgendes:

---

[41] Vgl. von KÄNEL, S.: Lernsoftware „Controlling", a. a. O.
[42] Siehe zum Beispiel:
FRANKE, D. u. a. (Hrsg.): Geprüfter Personalfachkaufmann/Geprüfte Personalfachkauffrau, Verlag Luchterhand, Köln 2015.

Je komplexer und komplizierter die zu steuernden Basisprozesse sind, desto mehr *Variationsmöglichkeiten* bestehen dann aber auch für die Prozessbeeinflussung durch Steuermaßnahmen, und um so wichtiger ist es dann, diejenige Variante einer Steuermaßnahme zu ermitteln, die sich im Rahmen gegebener Bedingungen (Restriktionen) und im Hinblick auf ein definiertes Zielkriterium der Entscheidungsbildung als die *günstigste (optimale) Variante* erweisen kann!

Erfordernis und Möglichkeit der Optimierung von Entscheidungen im Steuerprozess

Mit anderen Worten:

Die Vorbereitung und das Treffen von Entscheidungen im Steuerprozess ist - wo immer möglich - mit einem Prozess der *Optimierung der Steuermaßnahme* zu verbinden und somit den Übergang zu einer *selbstoptimierenden Steuerung* bedingt.

Beispiel:
Im Produktionsprogramm des Unternehmen PCX GmbH haben die beiden Haupterzeugnisse E_1 und E_2 einen besonderen Stellenwert. Die Herstellung dieser Erzeugnisse durchläuft jeweils drei Fertigungsstufen (F_1, F_2, F_3), deren Kapazität zeitlich begrenzt ist. Bekannt seien folgende Beispieldaten:

Fallbeispiel „Produktionsprogramm"

Position	Erzeugnis E_1	Erzeugnis E_2
Verkaufspreis [EUR/ME]	2.800,00	3.400,00
Variable Kosten [EUR/ME]	1.540,00	1.530,00

Fertigungsstufe	Zeitaufwand [h/ME] E_1	Zeitaufwand [h/ME] E_2	Kapazität [h]
F_1	2,0	1,2	815,0
F_2	1,0	1,0	500,0
F_3	1,0	3,0	1.000,0

Höhe der zu beachtenden Fixkosten: 732.000,00 EUR.

<u>Aufgabe:</u>
Der Produktions-Controller des Unternehmens soll dem zuständigen Produktionsleiter einen Vorschlag für das Fertigungsprogramm vorlegen, und zwar mit der Maßgabe, dass über den Absatz der zu ermittelnden Erzeugnismengen ein *maximaler Gewinn* erreicht wird und zugleich die *Kapazitätsgrenzen* in den Fertigungsstufen *nicht überschritten* werden.

Fakt ist: Selbst in diesem noch sehr einfachen Beispiel gibt es derart viele Varianten für die Bestimmung des Fertigungsprogramms, dass eine Lösung durch „Probieren" (unter Zuhilfenahme eines Taschenrechners) eine immense Zeit in Anspruchnehmen würde.

Der besagte Produktions-Controller weiß sich jedoch zu helfen. Er beherrscht MS Excel und weiß, dass es in dieser Kalkulationssoftware unter den *Add-Ins* ein Programm mit dem Namen „*Solver*" gibt, welches für die Lösung von Aufgaben der *linearen Optimierung* genutzt werden kann. Der Planer entwickelt unter MS Excel folgendes Modell (siehe **Abb. 3.06**):

3. Wirtschaftskybernetik und Controlling

Mathematisches Modell

Zielfunktion

$G = 1.260,00 * x_1 + 1.870,00 * x_2 - 732.000,00 \longrightarrow Max!$

Bedingungssystem

$2,0 * x_1 + 1,2 * x_2 \quad <= \quad 815,0$

$1,0 * x_1 + 1,0 * x_2 \quad <= \quad 500,0$

$1,0 * x_1 + 3,0 * x_2 \quad <= \quad 1.000,0$

$x_1, x_2 >= 0$

Abb. 3.06: Lineares Optimierungsmodell zum Fallbeispiel „Ermittlung eines gewinnoptimalen Produktionsprogramms"

Anmerkungen: Die Koeffizienten der Zielfunktion sind die aus den Daten „Preis" und „variable Kosten" berechneten *Stückdeckungsbeiträge*. Die Variablen x_1 und x_2 repräsentieren die gesuchten Produktionsmengen der Erzeugnisse E_1 und E_2.

Das in Abb. 3.06 skizzierte Modell wird nun unter MS Excel in eine für den Einsatz des Solvers geeignete Darstellung umgesetzt und dann der Solver aktiviert. Das Ergebnis wird in **Abb. 3.07** gezeigt.[43]

Lösungstabelle (Solver)

Aufwands-Koeffizienten		Lösung [ME]	Kapazitäten		Differenz
			Inanspr.	Begrenz.	
2,0	1,2	250,0	800,0	815,0	15,0
1,0	1,0	250,0	500,0	500,0	0,0
1,0	3,0		1.000,0	1.000,0	0,0
ZF-Koeffizienten:					
1.260,00	1.870,00	ZF-Wert (G):	50.500,00	[EUR]	

Abb. 3.07: Lösungstableau für das Fallbeispiel „Ermittlung eines gewinnoptimalen Produktionsprogramms"

Soweit zum Fallbeispiel eines Optimierungsproblems.

Aus Sicht der kybernetischen Steuerungstheorie basiert eine selbstoptimierende Steuerung auf dem Konzept der *„Steuerung mit internem Modell"*, das bereits vom Kybernetiker K. STEINBUCH und anderen im Kontext zu lernenden Autmaten entwickelt wurde.[44]

Bezogen auf das hier betrachtete Fallbeispiel kann die Struktur einer selbstoptimierenden Steuerung vereinfacht so dargestellt werden, wie dies **Abb. 3.08** zeigt.

---

[43] Die konkrete Vorgehensweise bei der Lösung dieser Aufgabe kann in der Excel-Datei „21_WiKyb_Optimierung1_L.xlsm" nachvollzogen werden.
[44] Siehe:
STEINBUCH, K.: Automat und Mensch. Springer Verlag, Berlin, Heidelberg, New York 1965.

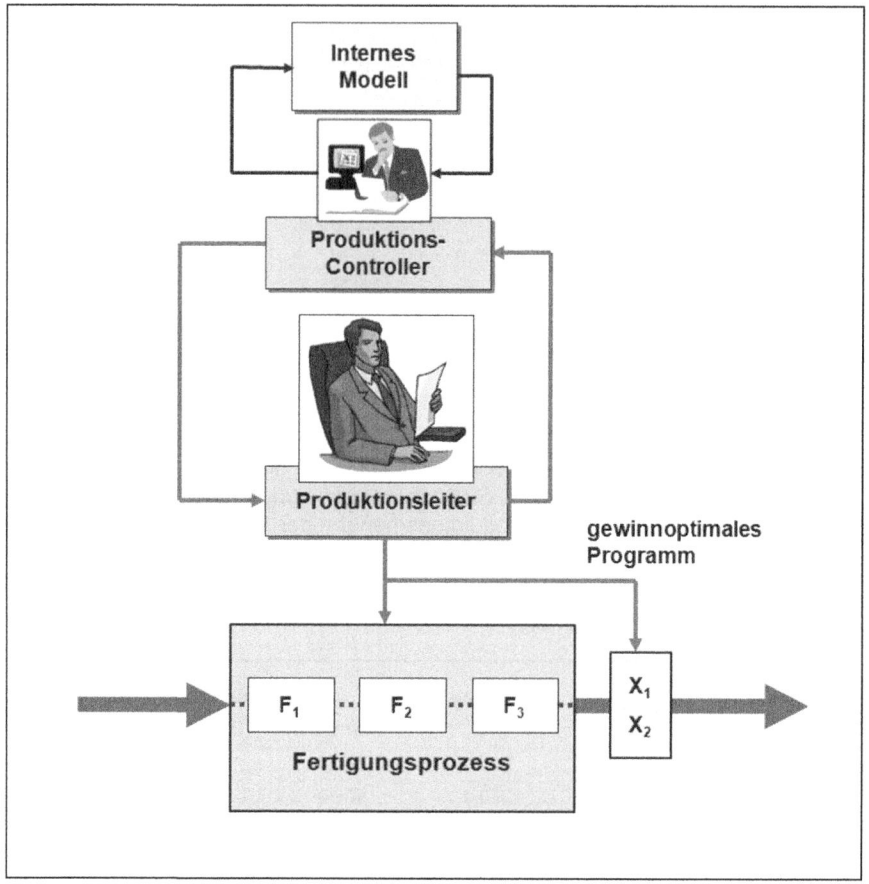

Abb. 3.08: Struktur einer selbstoptimierenden Steuerung (Beispiel)

Das *interne Modell* in dieser Abbildung entspricht dem im Beispiel angegebenen excelbasierten Optimierungsmodell „Produktionsprogramm".

Damit ein internes Modell Mint als instrumentelles Mittel im Prozess der Entscheidungsbildung wirksam werden kann, müssen bestimmte *Voraussetzungen* erfüllt sein:

> Das interne Modell muss ein hinreichend guter Repräsentant in Bezug auf den realen Sachverhalt sein, der Gegenstand des Entscheidungsprozesses ist.
> Das am internen Modell abgeleitete Optimum zum Entscheidungsproblem sollte möglichst dem im realen Prozess erreichbaren "idealen" Optimum
> nahe kommen.
> Die für die Nutzung des internen Modell benötigten Daten und Informationen müssen mit hohem Aktualitätsgrad und entsprechender Qualität verfügbar sein.

3. Wirtschaftskybernetik und Controlling

Im *Managementprozess* entspricht das interne Modell zunächst immer dem einschlägigen *Wissens- und Erfahrungsschatz* der zuständigen Führungskraft als Einzelperson oder dem einschlägigen Wissens- und Erfahrungsschatz eines Entscheidungsgremiums (Geschäftsführung, Vorstand oder dgl.).

Bei komplizierten Entscheidungen, denen Modellrechnungen vorausgehen müssen, können *ökonomisch-mathematische Modelle*, insbesondere aus dem Arsenal "*Operations Research*" (OR)[45] und – wie in diesem Buch (inkl. Online-Zusatzmaterial) dargestellt - der *Wirtschaftskybernetik*, unterstützend hinzugezogen werden.

Derartige Modelle ermöglichen es – wie bei den Fallbeispielen im Online-Zusatzmatertial gezeigt – Entscheidungssituationen

- in der *Einheit von Qualität und Quantität*,
- mit notwendigem *Zeitbezug* (Analyse bzw. Prognose) sowie
- unter Beachtung von *Störgrößen* (mit Zufallscharakter)

abzubilden und *rechnergestützten Modellexperimenten* (Simulationsrechnungen) zu unterziehen.

■ Erfordernis und Möglichkeiten der Ausgestaltung selbstlernender Controlling-Systeme

In der Praxis wird oft sichtbar: Was nutzt - in einer aktuellen Entscheidungssituation - ein bislang bewährtes "internes Modell", wenn es die reale Situation im zu steuernden Prozess nicht mehr hinreichend genau abbildet?

Anschauliche Beispiele hierfür gab es in den sechziger Jahren des vorigen Jahrhunderts:

Netzplanmodelle waren plötzlich "in", insbesondere im Bauwesen. Mit viel Aufwand fertigten technische Zeichner (mangels der heute verfügbaren Computergrafik und Computertechnik) Netzpläne zu Bauvorhaben im DIN A1 - Format an. Mit viel Aufwand (ohne Taschenrechner) wurde der "kritische Weg" im Netzplan ermittelt und gekennzeichnet. Aber bereits wenige Tage nach dem Start des Vorhabens stimmte im Netzplan nichts mehr, da Vorgabezeiten nicht eingehalten wurden oder andere Störungen auftraten. Konsequenz: Weg mit dem Netzplan, das "Erfahrungsmodell" des Bauleiters wird es schon richten!

Was folgt daraus?

Die im Steuerprozess genutzten "internen Modelle" - sei es das Erfahrungsmodell einer Führungskraft oder sei es ein mathematisches oder kybernetisches Modell - müssen ständig an sich *verändernde* Situationen und Bedingungen in den zu steuernden Basisprozesse sowie in der Umgebung des betreffenden Systems angepasst wurden. Zu diesem Zweck muss ein *spezifischer Rückkopplungsprozess* installiert werden und dies führt uns zum Konzept der *selbstlernenden Steuerung*.

Erfordernis der Anpassung des internen Modells an veränderte Bedingungen

Zum Zusammenhang zwischen Rückkopplung und Lernen hat bereits der Begründer der Kybernetik, Norbert WIENER, Folgendes hervorgehoben:

---

[45] Siehe zum Beispiel:
DOMSCHKE, W./DREXL. A.: Lehr- und Arbeitsbuch Operations Research im Paket . Springer-Gabler Verlag, Wiesbaden 2016.

"*Rückkopplung ist Steuerung eines Systems durch Wiedereinschalten der Arbeitsergebnisse in das System selbst.*

Wenn diese Ergebnisse nur als zahlenmäßige Angaben für die Kritik des Systems und seiner Steuerung gebraucht werden, haben wir die einfache Rückkopplung der Regelungsingenieure vor uns.

Wenn indessen die vom System zurückgemeldete Information die allgemeine Methode und das Schema der Ausführung zu ändern vermag, haben wir einen Vorgang, der gut und gerne als Lernen bezeichnet werden kann."[46]

Damit kann der Begriff einer *selbstlernenden Steuerung* wie folgt bestimmt werden:

Selbstlernende Steuerung

> Von einer *selbstlernenden Steuerung* kann dann gesprochen werden, wenn das betreffende System in der Lage ist, das im Steuerprozess genutzte *interne Modell* durch systematische Aufnahme und Verarbeitung von Informationen aus dem jeweiligen Steuerobjekt sowie aus der Umwelt so zu erweitern und zu verändern, dass dieses Modell stets in ausreichendem Maße die gegenwärtigen und wahrscheinlich eintretenden künftigen Prozess- und Umweltbedingungen abbildet und damit seine Fähigkeit behält, als Instrument für die Ableitung optimaler Entscheidungen im Steuerprozess dienen zu können.

Die Umsetzung des Konzepts einer selbstlernenden Steuerung bedingt, dass die funktionelle Struktur der selbstoptimierenden Steuerung um neue Komponenten erweitert wird. Dies soll die Darstellung in **Abb. 3.09** verdeutlichen.

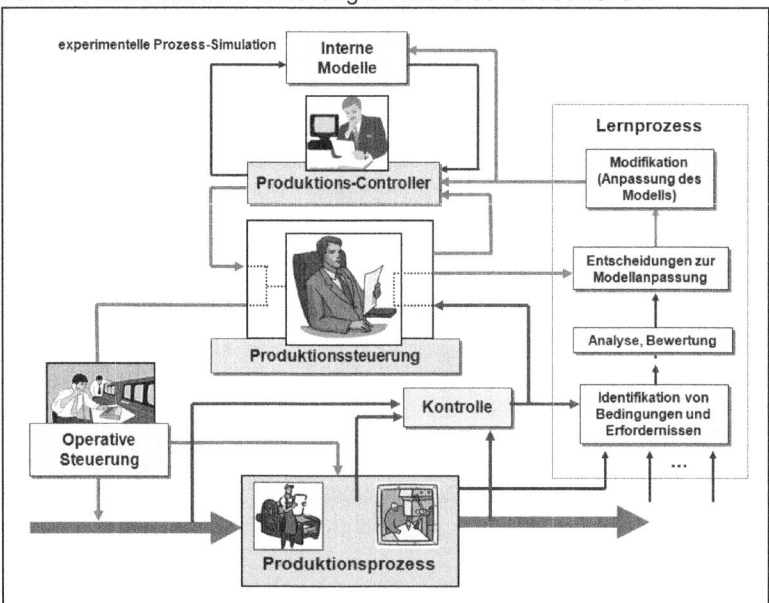

Abb. 3.09: Funktionelle Struktur einer selbstlernden Steuerung (Beispiel Produktionssteuerung)

---

[46] Vgl.: WIENER, N.: Mensch und Menschmaschine", Berlin 1952.

3. Wirtschaftskybernetik und Controlling

Das Konzept einer selbstlernenden Steuerung ist die *wirkungsvollste Form der Ausgestaltung von Steuerungssystemen*, denn LERNEN ist die Grundvoraussetzung für das Bestehen von Systemen in einer sich ständig verändernden Umwelt.

Rückkopplung und Lernen

In diesem Zusammenhang ist immer wieder auf folgende Aussage zu verweisen:

"Lernen ist wie Rudern gegen den Strom, sobald man aufhört, treibt man zurück!"[47]

Dies gilt für den Menschen als Individuum, aber sicher auch für Gruppen von Menschen als Verantwortungsträger in Politik, Wirtschaft und Verwaltung, wobei man allerdings heute - angesichts zunehmender nicht gelöster Probleme in der Gesellschaft - *an der Lernwilligkeit und Lernfähigkeit des Menschen zweifeln kann*. Aber vielleicht hilft dann die "*Künstliche Intelligenz*" (KI), wenn die "natürliche Intelligenz" versagt! (Satire aus!).[48]

Dennoch: *Wissen* wird immer deutlicher zum entscheidenden Produktions- und Wettbewerbsfaktor in Wirtschaft und Gesellschaft. Daraus folgt, dass dem *Wissensmanagement* in Unternehmen und in anderen Einrichtungen besondere Aufmerksamkeit zu schenken ist, und zwar vor allem in Verbindung der Ausgestaltung von *Managementinformationssystemen* (MIS) unter dem Aspekt einer *selbstlernenden Steuerung* wie insgesamt bei der Entwicklung der Einrichtung zur *lernenden Organisation*.

---

[47] Eine alte chinesische Weisheit, die dem chinesischen Philosophen und Taoisten Laotse zugeschrieben wird.

[48] Und in der Tat. Die Fortschritte auf dem Gebiet der Künstlichen Intelligenz vollziehen sich rasend schnell, und das macht vielen Menschen Angst, sei es, dass man um den Verlust von Arbeitsplätzen fürchtet, sei es, dass KI-Systeme mit Mustererkennung zur totalen Überwachung im öffentlichen Raum missbraucht werden oder sei es, dass Roboter als Kampfmaschinen entwickelt werden, die in Kriegen eingesetzt werden, um Menschen zu töten.
Und immer steht in diesem Zusammenhang die Frage nach der *Verantwortung* im Raum. Hierzu folgendes aktuelle Zitat:
" Wer trägt eigentlich die Verantwortung? Wer kann also zur Rechenschaft gezogen werden, wenn eine Künstliche Intelligenz Menschen tötet, sie fälschlicherweise zu Kriminellen erklärt, falsche Diagnosen ausstellt oder ihnen auf andere Arten Schaden zufügt? Sind es die Hersteller, die die Algorithmen bauen und mit Daten trainieren? Sind es die Behörden oder Firmen, die die Technologien einsetzen? Oder etwa der Algorithmus selbst, wie es das Europäische Parlament in einer Resolution vorgeschlagen hat, das Roboter gerne zu 'elektronischen Personen' zu erklären sind, die selbst für ihr Fehlverhalten haften? Diese Frage sei noch weitgehend ungeklärt, ... wird sich aber immer drängender stellen, je weiter maschinelles Lernen und Künstliche Intelligenz in unsere Gesellschaft hineinwirken."
(KÖVER, Ch.: Kommentar zum Jahresbericht des New Yorker Forschungsinstitut AI Now. In: Netzpolitik.org vom 11.12.2018).

LITERATURVERZEICHNIS

ADAM, A.: Messen und Regeln in der Betriebswirtschaft. Physica Verlag, Würzburg 1959.

ADAM, A./HELTEN, E./SCHOLL, F.: Kybernetische Modelle und Methoden. Einführung für Wirt-schaftswissenschaftler. Westdeutscher Verlag, Köln/Opladen 1970.

AHLEMEYER, N./BURGER, A.: Wertorientiertes Controlling: Konzepte und Fallstudien. UTB Verlag, 2015.

BEER, St.: Kybernetik und Management. Fischer Verlag, Hamburg 1962.

BOYSEN, W.: Kybernetisches Denken und Handeln in der Unternehmenspraxis. Gabler Verlag, Wiesbaden 2011.

BRITZELMAIER, B.: Controlling: Grundlagen, Praxis, Handlungsfelder. Pearson Studium, Halbergmoos 2017.

DIEDERICH, H.: Allgemeine Betriebswirtschaftslehre. Verlag W. Kohlhammer, Stuttgart 1992.

DOMSCHKE, W./DREXL. A.: Lehr- und Arbeitsbuch Operations Research im Paket . Spinger-Gabler Verlag, Wiesbaden 2016.

FATZER, G./MANDL; Ch. (Hrsg.): Systemdenken und Systemdynamik. ehp-Verlag, Köln 2019.

FEITEN, M.: Management-Kybernetik - eine Lösung für Komplexität in mittelständischen Unternehmen. VDM Verlag Dr. Müller, Saarbrücken 2009.

FRANKE, D. u. a. (Hrsg.): Geprüfter Personalfachkaufmann/Geprüfte Personalfachkauffrau, Verlag Luchterhand, Köln 2015.

FORRESTER, J. W.: Industrial dynamics. Cambridge 1977.

GHOSH, A.: Dynamic Systems for Everyone. Springer Verlag, Heidelberg 2017.

GLEICH, R./KAPPES, M.: Planung, Budgetierung und Forecasting - inkl. Arbeits-hilfen online: Innovative und digitale Instrumente für die Unternehmenssteuerung. Haufe Verlag, Freiburg 2019.

GRAUMANN, M.: Controlling: Begriff, Elemente, Methoden und Schnittstellen. NWB-Verlag, Herne 2018.

GROTH, T.: 66 Gebote systemischen Denkens und Handelns in Management und Beratung. Carl Auer Verlag, Heidelberg 2017.

HEESEN, B.: Basiswissen Unternehmensbewertung: Springer-Gabler Verlag, Wiesbaden 2019.

HEINEN, E.: Industriebetriebslehre. Entscheidungen im Industriebetrieb. Gabler-Verlag, Wiesbaden 1991.

HELTEN, E.: Möglichkeiten und Grenzen der Wirtschaftskybernetik. Deutscher Industrieverlag, Köln 1970.

HORVATH, P. Controlling. Verlag Vahlen, München 2015.

HUBERT. B.: Grundlagen des operativen und strategischen Controllings. Spinger-Gabler Verlag, Wiesbaden 2019.

© Springer Fachmedien Wiesbaden GmbH, ein Teil von Springer Nature 2020
S. von Känel, *Arbeitsbuch zu Betriebswirtschaftslehre – Eine Einführung*,
https://doi.org/10.1007/978-3-658-27900-4

Literaturverzeichnis

HUTZSCHENREUTER, Th.: Allgemeine Betriebswirtschaftslehre. Springer-Gabler Verlag, Wiesbaden 2015.

von KÄNEL, S.: Einführung in die Kybernetik für Ökonomen. Verlag Die Wirtschaft, Berlin 1971.

von KÄNEL, S./LAUENROTH, H.-G./MÜLLER, J. A. Kybernetik. Eine Einführung für Ökonomen, Berlin 1990.

von KÄNEL, S.: Betriebswirtschaft für Ingenieure. NWB-Verlag, Herne 2008.

von KÄNEL, S.: Betriebswirtschaftliche Instrumente für Ingenieure. NWB-Verlag, Herne 2008.

von KÄNEL, S.: Kostenrechnung und Controlling. Haupt-Verlag, Bern 2008.

von KÄNEL, S.: Betriebswirtschaftslehre - Eine Einführung. Spriger-Gabler Verlag, Wiesbaden 2018.

von KÄNEL, S.: Lernsoftware "Controlling", Dresden 2018.

KLAUS, G./LIEBSCHER, H.: Wörterbuch der Kybernetik. Dietz Verlag, Berlin 1976.

KOWALSKI, S.: Betriebliche Kennzahlen: Planung - Controlling - Reporting. C. H. Beck Verlag, Mün-chen 2014.

KRÜGER, G. H.: Mit Kennzahlen Unternehmen steuern: Praxisleitfaden für Unternehmer und Berater. NWB-Verlag, Herne 2014.

KÜPPERS, E. W. U.: Eine transdiziplinäre Einführung in die Welt der Kybernetik. Springer-Vieweg Verlag, Wiesbanden 2019.

LANGE. O.: Einführung in die ökonomische Kybernetik. Akademie Verlag, Berlin 1968.

LANGE, O.: Ganzheit und Entwicklung in kybernetischer Sicht. Akademie-Verlag 1969.

LEUCHTGENS, Ph.: Vor- und Nachteile des Weighted Average Cost of Capital-Verfahrens. GRIN-Verlag 2013.

MALIK, F.: Strategie des Managements komplexer Systeme: Ein Beitrag zur Management-Kybernetik evolutionärer Systeme. Haupt Verlag, Bern 2002/2015.

MANNEK, W.: Profi-Handbuch Wertermittlung von Immobilien: Vergleichswert, Ertragswert, Sachwert. Walhalla Verlag, Regensburg 2018.

NELLES, St.: Excel 2019 im Controlling. Verlag Rheinwerk Comuting, Bonn 2019.

OLFERT, K.: Finanzierung. Kiehl Verlag. Herne 2017.

PERRIDON, L. u. a.: Finanzwirtschaft der Unternehmung, Verlag Vahlen, München 2016.

PROBST, H,-J.: Kennzahlen richtig anwenden und interpretieren. Redline Verlag, München 2012.

REICHMANN, Th.: Controlling mit Kennzahlen: Die systemgestützte Controlling-Konzeption. Verlag Vahlen, München 2017.

RID. Th./ADRIAN, M.: Maschinendämmerung: Eine kurze Geschichte der Kybernetik. Ullstein Verlag, 2016.

RIEG, R.: Planung und Budgetierung: Was wirklich funktioniert. Springer-Gabler Verlag, Wiesbaden 2015.

STEINBUCH, K.: Automat und Mensch. Springer Verlag, Berlin, Heidelberg, New York 1965.

UNTERGUGGENBERGER, S.: Die Rolle der Kybernetik als Weg aus der Wirtschaftskrise. Verlag Synergia, Basel, Zürich 2013.

WEBER, J./SCHÄFFER, U./BINDER, Ch.: Einführung in das Controlling. Schäffer-Poeschel Verlag, Stuttgart 2016.

WIEHLE, U. u. a.: 100 IFRS Kennzahlen. Cometis AG, Wiesbaden 2005.

WIENER, N.: Kybernetik. Regelung und Nachrichtenübertragung im Lebewesen und in der Maschine. Econ Verlag 1962.

WIENER, N.: Mensch und Menschmaschine", Berlin 1952.

ZIEGENBEIN, K.: Controlling. Kiehl Verlag, Herne 2012.

SACHWORTVERZEICHNIS

A
Abgaben 71
Abschreibungen 72
Abstraktionsprozess 13
ANDLER-Formel 17

B
Bestellmenge. optimale 20
Betriebsergebnis 62
Betriebsprozess 55, 58
Bilanz 77
Budgetierung 91
Budgetkontrolle 92

C
Cashflow-Statement 77
Controlling 85, 87
Controlling, strategisches 86
Controlling, operatives 86

D
Deckungsbeitrag 38
Du-Pont-Kennzahlensystem 29

E
Eigenkapitalkostensatz 49
Eigenkapitalrentabilität 42
Empfindlichkeitsanalyse 20
Entscheidungsbaum 82
Entscheidungsprozess 78
Entscheidungssituationen 81
Entscheidungsmatrix 79
Ertragswert 52
Existenzgründung 63

F
Faktor der Marktrealisierung 32
Fremdkapitalkostensatz 50

G
Gesamtkapitalrentabilität 43
Geschäftstätigkeit eines Unternehmens 75
Gewinn 33
GuV 77

I
Input-Output-Darstellung 30

K
Kapitalabfluss 70
Kapitalbeschaffung 66
Kapitaleinsatz 68
Kapitalproduktivität 30
Kapitalrückfluss 69
Kapitalverwendung 67
Kapitalwandlung 68
Kennzahlen, Kennzahlensysteme 28
Kennzahlen, Anforderungen 89
Kosten 33, 57, 60
Kostenersatz 71
Kreislaufmodell des Umsatzprozesses 65

L
Leistung 31, 57, 60
Leverage-Formel 43
Leverage-Formel: Signalflussdiagramm 46, 47

M
Management-Regelkreis 84
Modell 11
Modellbildung, wirtschaftskybernetische 25
Modellmethode 11
Modellklassen 12
Modellexperiment 19

O
Optimierungsmodell. lineares 95

R
ROI 29
ROI-Modell 35
ROI-Simulationsmodell 38
Rücklagen 72
Rückkopplungsprozess 91, 92

S
Sensivitätsanalyse 20
Signalflussdiagramme 26
Simulation 21
Steuerung 23, 87
Steuerquote 50
Steuerung, selbstoptimierende 96
Steuerung, selbstlerrndende 98
Störungen 22
System Dynamics 73
System- und Prozessanalyse 13
Systemdynamische Zustandsdarstellung 74

U
Übertragungsfaktor 31
Umsatz 32, 61
Umsatzerlöse 61

V
Validierung 18

W
WACC-Modell 48, 49, 51
Wertschöpfung 57, 60
Wirtschaftskybernetik 23
Wirtschaftskybernetiker, Arbeitsfeld 25

Z
Zustandsdarstellung 74

© Springer Fachmedien Wiesbaden GmbH, ein Teil von Springer Nature 2020
S. von Känel, *Arbeitsbuch zu Betriebswirtschaftslehre – Eine Einführung*,
https://doi.org/10.1007/978-3-658-27900-4

The manufacturer's authorised representative in the EU is Springer Nature Customer Service Centre GmbH, Europaplatz 3, 69115 Heidelberg, Germany. If you have any concerns regarding our products, please contact ProductSafety@springernature.com

Printed and bound by CPI Group (UK) Ltd, Croydon, CR0 4YY

25/03/2026

02078195-0017